周辺からの共和主義

「天国に一番近い島」の現在

尾立　要子

大阪公立大学出版会

目　次

まえがき

「天国に一番近い島」の現在、これが本書の第1のテーマである。

1936年生まれのパリジャン、シャルル・ベルモン[Charles Belmont: 1936-2011]は、クロード・シャブロルの映画などでヌーヴェル・ヴァーグ俳優としてデビューして、1967年にはじめて映画を撮った。シュールレアリズムの全盛期に書かれた『日々の泡』の映画作品は、ファンタジックな映像で、銀座で観て、現実離れした不思議な恋愛物語の強烈な印象が残った。その監督が、ニューカレドニアのドキュメンタリー作品を撮っていた。監督との出会いの入り口はニューカレドニア、ニューカレドニアといえば「天国に一番近い島」である。

パリでベルモン監督のお宅に伺ったのは、2007年9月。電話で面会日時を約束して、地下鉄4番のアレジア駅を出た広場の教会で待ち合わせて、瀟洒なアパルトマンで作品を見せていただいた。

ニューカレドニアが舞台の原田知世主演の映画「天国に一番近い島」が日本で大ヒットしていたその時期、フランスでは、領有している島が、「帝国の紙吹雪」－広大な帝国は、みんな独立していって小さい島ばかり残った－と呼ばれた。中でもニューカレドニアでは、独立をめぐって、本文で述べる通り、1984年から88年のあいだ、先住民の独立派、入植者子孫のヨーロッパ系人が反独立派と、両者のあいだで暴力的な対立が深まり、バリケードがそこここに築かれ、ほぼ内戦状態であった。紛争調停が88年の6月25日から26日にかけてパリの首相官邸で実施され、徹夜の交渉の末、和平協定が締結された。フランスにとっては、国連総会で、植民地主義的統治を問われ、外交の汚点となっていた。ベルモン監督は、このニューカレドニア紛争の調停に至る過程で現地に派遣された使節団の果たした役割を軸に、一連のドラマを、セミ・ドキュメンタリー映画「南太平洋の調停者（Les médiateurs du Pacifique）」として撮り、97年に公開されたこの現在進行形の植民地問題を扱うドキュメンタリー作品は、フランス、コミュニティ間の関係再建への取り組みの意義を伝える役割を果たすことになる。

筆者が研究してきたのは、フランスの旧植民地で独立に向かわなかった、あるいは独立を果たしていない地域、現在の海外県・海外領である。とくにカリブ海のマルティニーク島とニューカレドニアを詳細な研究の対象としてきた。

カリブ諸島がパリから8,000kmであるのに対し、ニューカレドニアは、南半

球は南回帰線の北、太平洋の南西に位置しており、オーストラリア北東岸から1,500km、仏領ポリネシアから5,000km、日本から7,000km、本国フランスの首都であるパリから18,000kmの距離にある。主島の長さ約400km幅約50kmのグランド・テール（19,110㎢）といくつかの離島からなる。そこが「フランス」であるとは、明瞭とは言い難い。

　海外フランスに関して受けた強い印象には、まず、1980年代のニューカレドニアでの独立派・反独立派の激しい対立がある。他のフランス海外領土にはない現象である。非暴力の独立派が反独立派に暗殺される事件が頻発し、ついに1988年に独立派の若者が憲兵隊を襲撃して死者が3名となり、さらに人質をとって洞窟に立てこもり、本土から派遣された仏軍によって独立派19名全員が殺害された。この事件を含め、80年代の犠牲者は61名にのぼる。コミュ

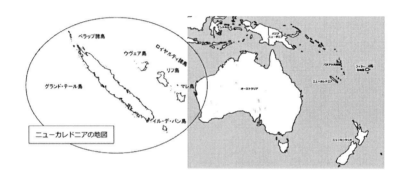

ニティ間の対立深刻化は、一面では、政治権力が機能していないと見える。

　ニューカレドニアは、80年代には、先住民カナク人が自決権を行使しレファレンダムを実施して独立国になると、譲らなかった。レファレンダムとは、憲法改正や法律の制定など、重大な事項を定めるに際して、直接に国民投票によって賛否を求める制度である。35年が経ち、様々な問題が解決され、定義が拡大された有権者が2018年から3回、「独立して主権国になることを認めますか？」と尋ねる住民投票に応じるところまできた。激しい民族対立から共存へ

1　現在ニューカレドニア人権リーグ代表であるエリ・ポワグンは、独立派活動家としても知られるが、雑誌のインタビューに答え、「国防、司法といったニューカレドニアではカバーしきれない権限を念頭に、フランスとの協同国関係（association）が必要である」と発言している（AFP, 18/11/2018）。 https://www.lexpress.fr/politique/nouvelle-caledonie-elie-poigoune-un-independantiste-qui-s-est-reconcilie-avec-la-france_2045796.html

と、舵が切られたことになる[1]。

ベルモン監督の話に戻ろう。彼は、この紛争解決の物語がとても重要なフランス現代史の1ページであり、メラネシア人独立派リーダーである暗殺されたジャン＝マリ・チバウ[Jean-Marie Tjibaou: 1936-1989]への想いから作品を作ったことなど、社会党の元首相のミッシェル・ロカール[Michel Rocard: 1930-2016]と、映画上映会・講演会に招かれては語ってい

独立派活動家のポワグンさんは、現状より多くの権限移譲を求めるか雑誌インタビューで尋ねられ、フランスがこの頃は領土の全住民に注意を配り、とりわけカナク人に対して博愛的態度であると発言をして、現状維持の姿勢を示した。写真は2020年に面会した時のもの。

た。のちに国葬される首相経験者が、20万人ほどの住民が住む南太平洋領の紛争解決の話をしに、映画監督と小さな集まりに次々に参加していたことが、にわかに信じがたかった。

本研究は、なぜ、元首相ロカールは、そこここに足を運んだのか？映画上映会に伴われる講演会のテーマであるニューカレドニア問題とは何だったのか？という、素朴な疑問から出発している。

本書は、1853年にフランスによる領有化宣言が行われた島嶼であるニューカレドニアとフランスの関係再編を、共和国整合論として明らかにする。1853年とは、黒船が日本に来航した年である。島嶼であるとはいえ、西洋と接触した非西欧の「国」が対立を経て西欧の近代社会の枠組みを受容・再編する過程を取り上げ、21世紀の現代に実現した「共和国」を描きだしてみたい。

この、脱植民地を描くこととは、政治権力を組織しなおし、同時並行して「脱植民地」を推進した過程について記述を試みることでもある。一般に、脱植民地化とは、植民地主義の宗主国の統治から離脱して主権国となること―主権国樹立―と理解されている。しかし、ニューカレドニアを筆頭に、フランス海外の島嶼・領土は主権国となるほど領域国家としての広がり、人口、諸条件が整っているわけではないことから、独立運動があったとして、住民の多数派は、共和国から離脱することを選択しない。ニューカレドニアのケースは、独立派と反独立派が、本文で述べる通り投票で拮抗したこともあったとはいえ、現時点では「独立」が優先課題とはいえない。この結末が導き出されることに、上述

した首相を務めたミッシェル・ロカールのイニシアティブが少なからず関係している。

　本書は、「天国に一番近い島」の現代史を後付け、フランス共和主義との関わりから論じる。フランス領南太平洋での独自な取り組みであるこの「脱植民地」を、ニューカレドニアを場に、「周辺からの共和主義」として明らかにすることとしたい。日本で紹介されているフランス現代史（小田中 2018; 平野 2002; 宮川 2017; 渡邊 1998）では、取り上げられることがほとんどないニューカレドニア独立問題だが、筆者は、コンファヴル（Confavreux et Mediapart 2018:7）が述べるのとは別の意味で、「共和国」なるものの芯の部分に関わる問題であると認識するに至った。

　以下に、先行研究を紹介しつつ、本書の意義を示したい。

　今からおよそ3000年前、人類が地球上で最後に足を踏み入れ、適応と改変を重ねて、太平洋とその島々はかたち作ってきたといわれ（荒川他 2023）、今日我々がニューカレドニアと呼んでいる列島には、紀元前4000年から3000年には太平洋南西方向へと移動したオーストロネシア人が住みついたことが考古学によって知られている（Sand 2010）。しかし、ニューカレドニアに、その後、どのような住民がいつからいつまでどのように存在していたかなどについては、考古学の一種である岩壁彫刻を口承伝統として先住民が保持している物語と付き合わせて年代を推測する取り組み（Monnin et Sand 2004）があり、それらは、後述するモーリス・レーナルト[Maurice Leenhardt: 1878-1954]が1930年に書き残した民俗誌にカナク人が石に模様を彫っていると記していることをベースに見立てられているとはいえ、基本的には、住民について知る術としては、植民地探検隊をはじめとするヨーロッパ人が残した旅行記に頼る他ない（一例としてVieillard et Deplamche 1863）。1774年9月4日にジェイムズ・クック[James Cook: 1728-1779]が陸地を「発見」し、10月1日に、「ニューカレドニア」と名付ける（クック 2005:253）までに、何回か、クックは、慣習儀礼を交わしながら、現地住民の複数のグループからその島の名前を聞き出そうと試みている。船で移動し、複数の地点でコミュニケーションを重ねるが、現地住民から伝えられる名前のいずれも、島全体を指しているものではなかっ

2　クックの第2回航海記から。ジェイムズ・クック著増田義郎訳『太平洋探検（四）』岩波書店 241頁。

た（クック 2005:241）と「第2回航海記」には記されている[2]。1853年にフランスによって領有化宣言が行われた際にも、現地住民は事情がよくわからないまま署名に応じていることが、フランス公文書に記されたバツ印から垣間見える（尾立と佐藤 2009）。

　モーリス・レーナルトは、先住民であるカナク人について、1930年代から40年代にかけて、実際に接触しただけでなく、植民地化によって崩壊寸前のカナク人社会を前に、カナク人らが生きていた神話的世界の解体と再生の体験を深い共感をもって描き出し、考察を交えて出版・記録活動を行なった。プロテスタント宣教師としてニューカレドニアに1902年に着任し、25年間の滞在中に、エスノグラフィーを書いた。レーナルトは著書『ド・カモ』（1947年出版）において、「人格（ペルソナ）」として、文化的なまとまりを持った現地住民を描き出している。地域の38言語に精通した宣教師だったレーナルトの活動は、西欧の民俗誌学にひとつの豊かな理解例をもたらした。また、新しい疾病、アルコール、そして全般的なアパシーに見舞われて人口が激減していたカナク人の生活の立て直しを試みつつ、彼らが再び生きる希望を持てるように働きかけたのであった（坂井 1990）。植民地化、度重なる居留地移動などによって、カナク人たちは、アイデンティティを失っていっていた。

　フランスは、イギリスとの領土獲得競争の末、南太平洋に植民地を獲得し、住民を定義した（尾立 2003; Merle et Muckle 2019）。植民地化の歴史の中でも、インドシナ、アルジェリアとともにニューカレドニアに導入された「現地住民法（Code de l'Indigénat）」は、植民地現地住民を対象とする特別行政体制の総称である（Kurtovich 1997）が、本文で述べる通り、人頭税、使役といった、現地住民に課された植民地行政の規則に逆らおうとするものに対して適用された悪名高い法制である。この法制枠組みについて、メレルとミュクルは、アルジェリア占領からニューカレドニアの脱植民地化へと向かう20世紀後半まで実質的に適用されたこと、南太平洋領に作り出された現地人の環境、ニューカレドニアの例外的な部分を、忌まわしい記憶が今日までも議論につきまとい続ける地域独自の歴史として描き出した。

　ただし、カナク人たちが無抵抗に従属していったわけではない。フランスで革命期に各地での暴動をいち早くパリに知らせるため利用された腕木式信号機（sémaphore）は、1848年に廃止された一方で、ニューカレドニアの現地人が抵抗するためグランド・テール島に46機導入されているが、このエピソードは、抵抗が激しかったことを物語る。腕木式信号機による監視と状況連絡システム

が、カナク人にとっても由々しいものだったことは、ヨーロッパ人の到来、彼らへの抵抗とともに、カナク人が、それを視覚的に捉えバンブー・アートに刻んで記録に残していることからも伺える（Boulay 1993）。この時期の現地の目撃者は、パリ・コミューンに積極的に参画した教師、ニューカレドニアから本土に戻ってアナーキストになったルイーズ・ミッシェル[Louise Michel: 1835-1905]である。国外追放処分によって、1873年に流刑地ニューカレドニアに向かう。現地では、カナク人に教育を与えようとし、1878年の植民地化以来初の現地住民蜂起を記録し、この「アタイの乱」では[3]、擁護する立場をとった[4]。もっとも早い時期にカナク人の口承伝承を記録したことでも知られる（Michel 1985）。そして、後述する通り、独立運動に向かった人たちの起点となったのが、「アタイの乱」でもあった（Dousset-Leenhardt 1978）ニューカレドニアのカナク人について、民俗学者であるジャン・ギアール[Jean Guiart: 1925-2019]、アルバン・バンサ[Alban Bensa: 1948-2021]が20世紀の現地住民社会（Bensa 1990）を、また法学の分野ではギ・アニエル[Guy Agniel: 1956-2016]が慣習法（Agniel 2000）およびカナク人をとりまく法的秩序の歴史（Agniel 1993）を、丁寧に記述している。ギアールからは、前述した1988年の紛争調停交渉の独立派リーダーとなったジャン＝マリ・チバウが、リヨン・カトリック大学にてロジェ・バスティッド[Roger Bastide: 1898-1974]からとともに、人類学教育を受けている（Bensa et Wittershein 1996）。この経験は、チバウが紛争の文脈で「当事者」でありながら、自らコミュニケーターとなっていく一方で、各地に散逸していた民俗学オブジェの目録をロジェ・ブーライ[Roger Boulay: 1943-]と作り、これらの存在とチバウの主張から、本論で述べる通り、表象における組み替えが、フランスとニューカレドニアの関係の脱植民地化過程で同時並行して取り組まれる足場を提供した。また、バンサは、チバウに接触しながら、数々のインタビューや発言をまとめ、チバウの思想、政治活動の発展を跡付ける重要な仕事を残した（Tjibaou 1996）。エリック・ワッデル（Waddel 2008）によるチバウのバイオグラフィが、ワッデルのモノロー

---

[3] 独立運動の起源を、先住民の現地住民として植民地化に協力した「アタイ」が先頭に立った反乱である「アタイの乱」に起源を見出す独立派がニューカレドニアに誕生した歴史に注目したニューカレドニア論としてはドゥセ＝レーナルト(Dousset-Leenhardt 1978)を参照。

[4] Jean Mairon "article Louise Michel" *dictionnaire biographique du Mouvement ouvrier français*, Les Editions de l'Atelier, 1997.

グの形をとっていることからも、バンサによって集められたチバウのインタ
ビュー集の重要性が窺われる。

　ニューカレドニアに関する先行研究には、地域史（Angleviel 2005, 2018;
Barbançon 2019; Kurtovitch 2020; Le Borgne 2005）、政治アクターの評伝
（Brot 2018；Mokkadem 2013, 2019; Pitoiset 2018; Rollat 1989; Waddel
2008）のほかに、ジャーナリストによる記述（Colombani 1999; Plenel et
Rollat 1988; Confavreux et Mediapart 2020）、行政官による証言の形をとった
現代史（Levallois 2018）、テレビディレクターによる政治アクターへのイン
タビューから浮かび上がらせたもの（Kotra 2009, 2016）、博物館コレクショ
ンとなった先住民の骨を入り口とした歴史叙述（Patin 2019）、ニッケル鉱業
をめぐる地域研究（Pitoiset 2015）、アルジェリアからの再入植者（ピエ・ノワー
ル）の証言集（Faberon 2012）などがある。

　ニューカレドニア独立問題が1980年代に「コロニアルなフランス」との印
象とともにとても広く知られていたことは、独立派リーダーのチバウ、イェイ
ウェネの名前をフランスの公文書館担当者、図書館の司書だけでなく、民間企
業勤務のフランス人も覚えていることから、垣間見ることができる。そうした
意味では、まさに紛争が現在進行形だった1980年から1991年までフランス海
外全域をル・モンド紙記者として担当し、やはりチバウと接触し続けたアラン・
ロラ[Alain Rollat: 1943-]によるチバウの評伝は、比類ない貴重な証言でもある
（Rollat 1989）。メラネシア人/独立派にシンパシーを抱く立ち位置からのロラ
『チバウ：ザ・カナク』に対して、1987年のレファレンダム前後について詳細
に書かれた反独立派のニューカレドニア入植者たちの視点から書かれた証言も
ある（Besset 1988; Doisy 1988）。

　その一方で、フランスのみならず外国のテレビニュースでも取り上げられた
1980年代をカバーする包括的な記述である、行政官として1980年から度々南
太平洋を担当し、ヌーメア協定をまとめる首相府付担当官を務めた高級官僚ア
ラン・クリスナハト[Alain Chrisnacht:1946-]の『ニューカレドニア』（2004）は、
土地返還問題を含む政府の取り組み、行政官としての圧倒的な情報量の多さと、
行政官がイニシアティブをとった脱植民地過程だったことから、インパクトが
あり示唆に富む。他方で、独立派と反独立派の激しい対立が大統領選の争点
にまで発展した1980年代に絞った『フランソワ・ミッテランと南太平洋フラ
ンス領1981年から1988年まで』（Ragnault 2003）は、冷戦終結へと世界が変
わる時期における大ナラティブとしての社会変動と南太平洋領に対するミッテ

ラン政権期の対応、政権党となった脱植民地化を野党時代に掲げていた対応に追われる社会党系、地域政治家らによる小ナラティブを交差させ、地域の対立深刻化と打開への模索へと向かうアクターらの証言を束ねることで、海外領土再編への突破口を作り出すに至った現代史を早い段階で浮かび上がらせている点で、評価に値し、また筆者も参考にしている。同様に、内務大臣だったピエール・ジョックス[Pierre Joxe: 936-]がミッテラン側近の立場でニューカレドニア危機への対応のため現地に大統領随行者として過ごした数日の様子と証言（Joxe 2006）から、1930年代生まれ世代の「脱植民地化」思想を明示している点―たびたびロカールと思想的に共有するところがあったこと、「独立」は視野に入れるべきであると語ったことを付け加えておく―も無視できない[6]。国際関係論研究者によるニューカレドニア論としては、「南太平洋におけるフランス」の視点から同時代の研究がなされている（Mohamed-Gaillard 2010; Mrgudovic 2008）。しかし、この最後の「フランス脱植民地化」こそ成功する脱植民地化であらんと、真実和解委員会型の討論会の形で、1990年代から立場の異なる政治・行政アクターの証言が報告される講演会が重ねられて来た事実（Faberon et Agniel 2000; Regnault 2009）が[7]、また（マクロン[Emmanuel Macron: 1977-]大統領が演説で述べた通り）今後も続くことが、脱植民地期以降、海外領土を保持することと併せて「共和国とは何か」が問われてきたことに重なるのである。ギリシャ・ローマ時代以来「帝国」を形成した共和国を名乗った政体がありながら、帝国が一部執政者の私物とみなされるようになると、共和制の観念が批判的・理論的価値をもつようになる（吉岡 1988）。フランスで、移民問題を含む諸テーマから批判的な共和主義論が出版されているのは、「共和国」が問われているからに他ならず（Duclert et Prochasson 2007）、ニューカレドニア独立問題が表面化していなかった82年に、すでに海外領土統治をめぐって「共和国」そのものを問う「共和国は唯一、不可分か？」（Michelon 1982）との問いが導き出され、それは、独立問題をめぐる対立深刻化を経た

5　度々インタビューに応じていただいたことに感謝を表明したい。

6　ジョックスは、父親であるロベール・ジョックスがド・ゴール側近の軍人であり、幼い頃にアルジェリア戦争へと至る空気感を直に体験している。

7　筆者は、招待報告者として研究を発表する形で現場を体験している。元老院が置かれているルクサンブール宮で2008年に開催された討論会「マティニオン協定からの20年・ヌーメア協定からの10年」の、開会宣言から閉会の言葉まで全体を記した報告集として（Regnault 2009）参照。報告集として出版されなかった討論会も複数回開催されている。

今日、元法務大臣ユルヴォワの言葉を借りれば「連邦国家、あるいは協力国家」(Urvoas 2017) との方向性の検討にまで連なっている。これらから、海外領土法を専門とする法学者J.ジレールが言う通り、ニューカレドニアについて多極共存型民主主義が実現している（Bouard, Sourisseau, Geronimi, Blaise et Roì 2016) と論じる研究があるはいえ、共和国自体を問う議論が島嶼をめぐって連綿と展開していると結論づけてよい。

言い方を変えると、「海外領土」が「植民地」でなくなり、共和国全体と整合しているとの認識に至るまで、「共和国とは何か？」は問われるのである。

この点で、問題は山積している。貧富の差、特に、首都ヌーメアでの白人と、収入を求めてそこにきたカナク人、移住してきた主にワリス=フトウナ人らの土地占拠いわゆるスラムのコントラストに代表される格差は是正が必要である。男女の平等も、共和国の枠組みとともに、今後政治代表の次元を超え実質的な問題として重視される（マクロン大統領2023年7月26日演説より）。同時に、1984年から88年の紛争深刻化期（現地ではEvénementsと呼ばれる）に関するトラウマ、ついでそれらを取り上げた映画であるカソヴィッツ監督作品 "L'ordre et la morale（邦題「裏切りの戦場、葬られた誓い」)"は、地域における人々の意識をより困惑へと向かわせた(Demmer et Salomon 2015:72)。人々は、それぞれ立ち位置が違うとなお認識しているのである。

日本語では、麗しの島を写真で見せるまさに「天国に一番近い島」とのキャッチフレーズに答える写真集の他に、『ネーションの語り、共同体の語り、文化の語り』で江戸がカナク人の聞き取りからディスコース分析を『素顔のニューカレドニア』では徳之島（奄美列島）出身で日本語教師としてニューカレドニアに住んだ山田が「島からの眼差し」でメラネシア社会を中心にしたスケッチを出版している。ニューカレドニアに渡った日本人研究（津田 2009）、また日本人移民史で光が当てられて来なかったその多くを構成した沖縄人に焦点をあてた歴史研究（三木 2017）は、現地住民の中でもニッケル産業の礎を最初に築いた日本人に光をあてており、また、チバウ文化センターでの展覧会を通じて紹介されている日本人言語学者による先住民研究（大角 2018）とは別の視点でもあり意義がある。

これらに対し、本研究は、紛争の解決における「投票の役割」に注目する。国民投票とそのための組み立てを行う立法府および執行部メンバーが選ばれる投票の組み合わせによって、合意形成が導かれてきた点である。国民投票を扱う先行研究（Buttler and Renny 1994; Morel 2019; Qvortrup 2014, 2020）で

xii

は、ひとつのまとまりとして1回実施する国民投票が対象として論じられているが、ニューカレドニアの脱植民地化過程では、紛争解決の入り口の国民投票から、3回の現地における独立に関する投票まで、本文で述べる通り、投票箱が多用された。

　2つの協定プロセスを経て、「慣習元老院」が共和国制度に組み入れられた（Demmet et Trépied 2017）。本文で述べる通り、ニューカレドニア紛争解決過程では、「承認」過程を注目の対象とし、「政治共同体としての国民」というフランス革命が生み出した「市民」という枠組を巧みに生かして、組み立てられている。共同体としての慣習部族の権威を立てる一方で、その権利の侵害からいかに個人を守るかに焦点を当てるリベラル型市民権と共存させる形で、共和国という政治共同体への参加を通じた「共通の善の追求」が重視されている。「公共の利益の優先」を政治的価値判断の基準としていく、オセアニアにおける現実への適用と制度の現代化に加え、フランスの共和主義をニューカレドニアに根付かそうとする試みは、オリジナルな脱植民地化として特筆してよい。法律家による海外フランス制度に関する文献（Chauchat 2011a, 2011b; Faberon et Ziller 2007; Boyer, Chauchat, Giraudeau, Gorohouna, Gravelat, Ris 2018）が静止画であるとしたら、本研究は、少しずつ絵を描きこま撮りするアニメーションをまず組み立てることを目指している。政治過程の時間的次元に注目し、時間的順序・物事の配列、民主化や一種の「国家建設」でもあるニューカレドニア脱植民地化過程を「大規模かつ緩慢に推移する世界の諸側面」（ピアソン 2010）のひとつとして、「表象」の変容が目指されてきたことへ、本来ならば外交政策である「交渉」の進行との相互関係とともに、まなざしを向け、並行して取り上げる。

　オセアニアにおいて「公共圏」が宗主国からの独立に伴い、模倣から始まり構築されてきた（柄木田と須藤 2012）のと比べると、ニューカレドニアは、独立こそしないとはいえ、フランス公共圏に接続された、非常に詳細に作り込まれた公共圏・市民権を実現しようとする共同体意識から再編されつつある。

　本書は、この営み、周辺からの共和主義の部分に光をあて、ニューカレドニアを論じていく。

　本研究は、次の研究助成によって達成することができた：科学研究費基盤研究 (B)「『植民地責任』論からみる脱植民地化の比較歴史学的研究」（研究代表者　永原陽子）2004年－2006年、科学研究費基盤研究（C）「周辺からの共和主義：フランス海外領政策にみる共和主義の変容」（研究代表者　尾立要子）

2006年－2008年、科学研究費基盤研究（A）「脱植民地化の双方向的歴史過程における『植民地責任』の研究」（研究代表者　永原陽子）2007年－2010年、科学研究費基盤研究（C）「暴力から共存へ：2018年レファレンダムに至るフランスとニューカレドニアの絶えざる交渉」（研究代表者　尾立要子）2019年－2022年

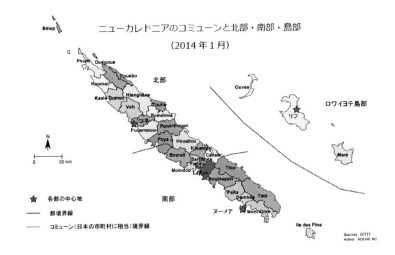

ニューカレドニアのコミューンと北部・南部・島部（2014年1月）

第 **1** 章
....

「カナク人民」の誕生：ニューカレドニア脱植民地化 過程にみる共和主義の変容*

はじめに

　フランスは、北大西洋、カリブ海周辺、インド洋、太平洋に海外領土がある[1]。1946年以来、大革命以前からフランスの主権が確立しているグアドループ、フランス領ギアナ、マルティニーク、レユニオンは、海外県（département d'outre-mer）として、それ以外のヨーロッパに位置しない領土は海外領（territoire d'outre-mer）として、海外フランス（France d'outre-mer）を構成してきた。旧植民地からなるこれら海外領土は、海外県・海外領という「地位」に伴う組織を付与され、第5共和制のもと「DOM-TOM」と総称されてきた[2]。

　現在、フランスの海外領土は制度的に大きく変貌を遂げている。海外領は個別の領土ごとに制度が見直され、ニューカレドニアは、海外県、海外領のいずれでもなくなった。海外県についても地位の変更が続いた[3]。

　フランスでは、大革命以来、共同体の統一性を地域の多様性・特殊性に優先させてきた経緯から、制度の統一性（uniformité）と国家の統一性（unité）を

---

* 『島嶼研究』第4号（2003年）初出の論文「『カナク人民』の誕生：ニューカレドニア脱植民地化過程における共和主義の変容」に加筆している。
1　フランス海外領土は、海外県・州から独自の自治体をとなったマルテイニーク（Martinique）とフランス領ギアナ（Guyane）、レユニヨン（Réunion）、グアドループ（Guadeloupe）の2海外県・海外州（département et région d'outre-mer）、フランス領ポリネシア（Polynésie française）、ワリス・エ・フトゥナ諸島（iles Wallis-et-Futuna）、マヨット（Mayotte）、サン・ピエール・エ・ミクロン諸島（Saint-Pierre-et-Miquelon）の 海外共同体（collectivité d'outre-mer）と、ニュー・カレドニア（Nouvelle-Calédonie）、以上に加え、住民のいない海外領土として、南極圏領土（Terres Australes）とフランスが領有を宣言している南極大陸領土（Terre Antarctique）から構成される。
2　1999年3月19日組織法による。
3　2003年12月7日に行われたマルティニークとグアドループの住民投票では、双方とも制度枠組みの変更に対し反対意見が多数を占め、政府はいかなる変更も行わないことを宣言している。ただし、同時に投票が行われたサン・バルテレミー（Saint-Barthelemy）とサン・マルタン（Saint-Martin）については、両島の住民の多数が希望したとして、個別の地位を与えられることになった。詳しくはフランス海外領土省の公式発表を参照。Communiqués de presse, "Résultats des consultations aux Antilles: deux《oui》, deux《non》", Ministere de l'Outre-Mer.また2010年1月の投票により、キアナとマルティニュークでは、県枠組みと州枠組みの融合が実現した。

同一視する考え方が定着してきた。例えば、ウェベール（Francine Webert）は、国民国家形成において社会集団の均質化が行われてきたことと、公的空間に国民より下の次元におけるいかなる多元性（pluralisme）も認めない姿勢との関連性を認めている。「単一にして不可分」を標榜する共和主義原理は、これを端的に示したものである。しかし、彼は同時に、フランスが植民地領有の過去によって、常に、多元性と多様性（diversité）の刻印を残していることを、フランス連合をめぐる議論を紹介しながら指摘している[4]。

　本章では、ニューカレドニアの現地住民に付与された法的地位の変遷を検討することにより、共和主義原理の変容の一端を明らかにする。はじめに植民地現地住民に対する法的地位を概観し、フランスが本国と植民地でどのような住民区分を行なっていたのかを整理する。次にニューカレドニアとの間で1998年5月5日に署名された「ニューカレドニアに関する協定」（以後ヌーメア協定）を検討の対象とする[5]。この協定は、エスニック集団を対象とした積極的優遇制度や複数のエスニック集団による「協同主権行使＝主権分有（souveraineté partagée）」概念の導入など、共和主義概念の単一性原則という観点からは、前例のない要素を含むものであった。

1.1 現地住民法とニューカレドニア先住民
1.1.1 植民地住民に対する法的地位の概観

　植民地化は、領土の獲得のみを意味するのではない。獲得した領土に居住する現地の住民を支配の論理に組み込む必要が生じる。そのため、フランスも植民地を獲得するにつれ、共和国内と植民地に居住する住民に対し、なんらかの法的地位を付与する必要が生じた。この地位に従い、権利と義務の適用がなされるからである。

　フランス市民にはいくつかの範疇が存在した。まず、共和国内に居住する者と共和国の外に居住する者との間に区別が設けられた。さらに、植民地に居住

---

[4]　フランス連合をめぐる国民議会の議論では、「単一にして不可分」という公式見解とは別に、実体として植民地統治を可能としている制度の多元性について、「フランスは、我々（SFIO議員）にとっては、『単一にして不可分』ではありえない。フランスは、逆に、その各々の面において多重(multiple)で、原則面において不可分である」と、指摘されていた（Webert 2000:21）。

[5]　"Accord sur la Nouvelle-Calédonie signé à Nouméa le 5 mai 1998, Journal Officiel de la République Française. Lois et décrets, 27 mai 1998, pp.8039-8044.

*以下 Journal Officiel de la République Française は JORF と略す。

する住民の間にも区分が存在していた。

　共和国内に居住する者は、原則としてフランス市民の地位を付与された。共和国の外に居住する者は、フランス市民とそれ以外に分類される。フランス市民には植民者としてフランス市民の地位を付与されたヨーロッパ他国からの移民と、帰化によりフランス市民となった現地住民が含まれる。さらに、植民地には、フランス市民のほかに、義務を定められ規則に従うことのみを求められる住民が存在した。以下に植民地の現地住民に対する法的地位を概観する。

　ヨーロッパ系住民と異なる文化的背景を備える住民を、フランス市民から分ける制度は、第2帝政時代に整備された。フランスの植民地化の歴史的過程に応じて、植民地も旧植民地と19世紀以降に獲得された領土とで住民の地位に相違が生じた。現在、主として海外県およびその延長上にある旧植民地では、1848年の奴隷制度廃止以後、領土内の住民に単一の市民権のみを認める方向で制度が整備されていった。このことは、原則的には本国と同様の法的地位が付与されたことを意味する。これに対して、フランスが19世紀以降に新たに獲得した領土では、本国とは異なる制度の適用がなされることとなった。その背景には、議会から独立した立法体制の確立があった。

　1852年1月憲法は、元老院に対して植民地の立法体制を定める権限を与えた。これを根拠として、1854年の元老院決議は、諮問的性質を備える植民地参事会（comité consultatif）を復活させた。これにより、海外領土については、議会を介さずに皇帝令（デクレ、以下政令と表す）と植民地参事会によって独自に規則を制定できる体制が確立した。

　第3共和制では、奴隷制の廃止された植民地へは、原則とはいえ、単一の市民権と議会における代表が認められたのに対して、新たに主権が確立した植民地は、本国議会への代表の選出が認められなかった。本国の共和制は導入されず、植民地の現地住民は本国法の適用対象外と規定された。これが1885年以降、現地住民法（Code de l'indigénat）の導入に道を開いていった。現地住民法とは、植民地現地住民を対象とする特別行政体制（indigénat）に関する規則の総称である[6]。現地住民法は、アルジェリア併合に伴い1881年に制定された「現地住民特別行政体制に加えられた特別な違反規則によって取り締まる権限を行政官に与える」法律（1881年6月28日付け法律）を母体とし、義務規定と処罰規定を定めたものであった（Bouche 1994:119）。

　植民地の現地住民は、一般に「臣民（sujet）」と呼ばれた。しかしその法的地位は、正確には民事上の地位と公法上の地位に区分されていた。民事上の地

4

位としては、現地の「民事上の身分（droit civil local）が適用された。公法上は、市民権を付与されず、現地住民方により規定されていた。ただし、「現地における民事上の地位（statut civil local）」を保持する者でも、普通法の民事上の地位、すなわちフランス民法の地位に移行することも可能であり、それには三つの可能性が存在していた。

第一は、「フランス市民の権利を享受する許可」の政令による承認である。これは、特定の要件が満たされる場合にのみ適用された。すなわち、申請者のフランス語能力、本国と同等の生活水準、学歴や兵役といった要件を満たすことで、政府は市民権の付与を許可し、それに伴い、フランス民法上の地位を獲得することになる。

第二は、裁判所の判断によって許可される場合である。これは、西アフリカとマダガスカルにおいて実施された。ただし、裁判所による判断は、政令に基づく要件よりも厳しいものが要請された。

第三は、属人的な地位の放棄によるもので、1881年9月21日の属人的な地位の放棄を認めた政令を根拠としている。これは、インド交易場のみ導入された。ただし、この政令は、市民の地位の承認ではなく、属人的な地位の放棄に主眼があるものだった（Agniel 2000:130-131）。

1.1.2 植民地化初期のニューカレドニアと現地住民の地位

ニューカレドニアは、グランド・テール島、パン島、ロワイヨテ諸島などからなる南太平洋のメラネシア地域に位置する列島である[7]。ニューカレドニア

---

6 キュルトヴィッチ（Ismet Kurtovitch）は、植民地現地住民を対象とした特別行政体制を、次のような2つの特徴を備えたフランス市民ではない現地住民にのみ適用される処罰体制であると説明している。第一に、ある行動あるいは特定の拒否が、それが現地住民によってなされた場合のみ違反とみなされ、第二に、あらかじめ定められている処罰が裁判所（司法権）によって宣告されるのではではなく行政当局（行政権を代表するもの）によって課される。現地住民法の名のもととられる措置の多くは、特に行動の自由と労働に関する規則の拒否に関するものについて、アジア系移民、それと同様とみなされるものに適用された（Kurtovitch 1997:128）。

7 ジェイムズ・クックが、後にグランド・テール島（Grande-Terre）と呼ばれる列島中最大の島に接岸し、祖国スコットランドの風景に似ていることから、スコットランドの古称である「カレドニア（Caledonia）」にちなんで「ニューカレドニア」と名付けた。1788年のイギリス領ニュー・サウス・ウェールズ流刑地（後のオーストラリア）設立により、1798年までに白檀貿易商人とロンドン宣教師協会（London missionary association）がロワイヨテ諸島に到達している。フランス系の宣教団としては、マリスト派修道会が1843年にイル・デ・パンに到達している。1853年9月24日、フェヴリエデポワント[Auguste Febvrier-Despointes: 1795-1855]海軍准将は、フランスの名のもとニュ

のフランス植民地化は、海軍准将デポワントが1853年に行った領有宣言から
はじまる。

　ニューカレドニア植民地は、当初因人の流刑を目的に設立された。そのため、
独自の人口構成を備えることとなった[8]。ニューカレドニアの先住民はメラネ
シア人カナク族である。

　次に政治犯をはじめとする因人が、流刑により送り込まれた。農業開発に従
事させられた流刑人のほかに、1865年にはアジア系労働移民（年期奉行人）、
1870年代には自由移民がそれぞれ導入された（Connell 1987:49）[10]。先住民
であるカナク族の社会組織は、家族を単位とするクランを構成し、クランの首
長への貢納の義務を負っている。また、慣習法に基づく土地所有が一般的であっ
た。ニューカレドニアの植民地化にあたり、フランスは、先住民の居住地域を
制限し、強制移住、課税、徴用を実施した。1855年には、先住民の居住地域
は全領土面積の10分の1かつ山岳地帯に限定すると定められた（ロバーツ
1943:233）。

　1876年からは、居留地への強制移動が行われる。これは別のクランの居住
地へ新たなクランを移住させるものであった。さらに植民地当局は、メラネシ
ア人の義務として、人頭税（1895年に導入）、賦役（島全体への徒歩による郵
便郵送）、徴用による道路敷設を義務付けた。メラネシア人夫は、コーヒーマ

ーカレドニアの領有を宣言し（9月24日領有を宣言したバラッド（Balade）、5日後に国旗を掲げた
イル・デ・パン島の部族長が、領有に際して署名をしている）、周辺の島とともに1860年代にロワ
イヨテ諸島が併合され、今日のフランス領ニューカレドニアが確立した（Connel
1987:1,23,35,36）。
8　流刑人による植民地開発は、ナポレオン3世によって発案された。1854年にトゥーロン、ブレ
スト、ロシュフォールへの流刑が廃止されるにあたり、新しい流刑地としてフランス領ギアナが選
ばれたが（1850年）、マラリヤ熱と現地住民の放つ毒矢による因人の死亡が相次ぎ、1863年にニュー
カレドニアが指定された（Binosche-Guedra 1992:138-139; ロバーツ1943:229）。1864年から
1897年のあいだに送り込まれた流刑人は、2万2000人とも4万人とも言われている。
9　1858年あたりから、自由移民として英領オーストラリア、レユニオンからの移住が始まり、
1870年には1562名のヨーロッパ系移民が定住していた。1871年には15万haの土地が払い下げあ
るいは租借地として農牧業用に供されブームを招いたが、早速、景気変動と牧畜関連の生産過剰に
より牧畜業者が、早魃、耕地不足、高金利のため小規模農業がそれぞれ痛手を被り、1876年には行
政官より植民者の数が少なくなるとともに（行政官3032人: 植民者2753人）、再び開発の担い手と
して因人を中心に考えることとなった。（ロバーツ1943:234）。
10インド人は1865年（レユニオン経由コロマンデルより）、中国人は1884年、ベトナム人は1891
年（トンキンより）、日本人は1892年にヌーメアに到達している。また、ヌーメアでは、ジャワ
で生まれたインドネシア人が1896年に確認されている（Doumenge 2000:68）。

メ採取、鉱山労働にも駆り立てられた（Connell 1987:71; Bouche 1994:160）。

　植民地化に伴う急速な社会変動は、1878年に先住民の蜂起を引き起こした。これは、植民地化の過程で生じたメラネシア人の抵抗としては最大のものだったが、鎮圧される（Connell 1987:45）[11]。この反乱以後、植民地当局は、グランド・テール島で頻繁に強制移動を行なう。代替地を与えずにクランの解体を意図する強制移住も行なわれた。これによって植民地行政府が得た土地は、1883年以降、新たな土地払い下げ制度（流刑人は5年の服役の一環として開発した土地を譲渡される）に充てられた。

　19世紀末までに行われた強制移住により、メラネシア人は、当初の32万haから減少して12万haを居留地として占めるにすぎなくなっていた。また、メラネシア人の土地を50区に分割し当局が公けに認めた333の部族（部族長は行政が指名する）に分配、憲兵に見回らせ治安維持に努めた。メラネシア人は、先住民でありながら自らの土地において周辺に追いやられていった（Connell 1987:61-71; Bouche 1994:160; ロバーツ 1943:233-234）。

　先住民の周辺化と植民の進展につれ、1887年には、アルジェリア、インドシナに引き続きニューカレドニアにも現地住民法が導入された[12]。メラネシア人は、ニューカレドニアの現地住民の中でも非ヨーロッパ系現地住民として普通法（Droit commun）、すなわち、フランス本国法が適用されない範疇に分類された。したがって、メラネシア人に対しては、現地住民法が適用され、フランス統治下にある臣民としての義務と、行政による処罰規定にしたがうこととなった。

　現地住民法に定める具体的な義務や処罰規定は、現地住民問題担当官（administration des Affaires Indigénes）の恣意的な裁量に委ねられた。さらに、現地住民法の対象となる住民は、司法救済、したがって、裁判を受ける権利を認められなかった（Guiart 1997:117）。現地住民法にしたがい、先住民のみに適用される処罰規定の存在は、ヨーロッパ系住民によるメラネシア人の私的使用を促し、植民地社会に事実上の身分制度の成立をもたらすこととなった。

　現地住民の地位は、第一次大戦後に「現地住民の民事上の身分（état civil

---

[11] 9ヶ月近く血づいた戦いによる死者は、ある推定では1200名に及び、蜂起に関わった全住民の3分の1に匹敵する（当時の人口は5万人に満たない）（Connell 1987:70）。

[12] フランス領アフリカ諸地域（A.O.F）へは、現地住民方は1910年5月31日政令によって導入されている（Lemesie 1994:55）。

indigène)」（1934年6月21日アレテ 第631号）により定められた[13]。先住民社会の継承する慣習法に基づく土地所有や婚姻形態は、本国民法の前提とする個人所有や個人を前提とする家族法の原則に抵触し、別途民事上の地位を設ける必要があったためである。また、1932年には、「フランス市民の権利を享受する許可」が導入され、制度上フランス 本国の民法上の地位へ移行する可能性が開かれた。

　植民地時代以来用いられてきた現地の法のもとにある市民の地位について、1954年に、法文において用いられてきた「先住民（autochtone）」あるいは「現地住民（indigéne）」という呼称は、「特別な民事上の地位の市民（citoyen de statut civil particulier）に替えられた（Nicolau 1999: 65）。

1.2 海外領の成立とニューカレドニア
1.2.1 第4および第5共和制下のニューカレドニア
　義務のみを一方的に負い、刑罰の対象としてしか法的な地位を得ていない現地住民に関して、ブラザヴィル会議でははじめて、現地住民政策、とりわけ現地住民への市民権が検討された（Lemesle 1994:55）。この背景には、ニューカレドニアへのアメリカの影響力の増大と、アフリカ植民地におけるナショナリズムの台頭があった[14]。

　1944年3月7日オルドナンスとブラザヴィル会議における議論を受けて、第4共和制憲法は、「海外県」および「海外領」を行政単位として設置した。これにより植民地は、共和国の地方共同体と定められ、フランス共和国と同一の主権の下にある領域と解釈された[15]。ニューカレドニア「植民地」は、「海外領土」

---

13 メラネシア人は、第一次大戦においてフランス軍兵士として戦っている。

14 1944年5月1日、ブラザヴィル会議において、プレヴァン（Rene Pleven）植民地弁務官は、憲法に帝国を書き込む必要性について述べている。また会議の目的の一つとして、アメリカ合衆国が国際的に統治しようとしていたフランス植民地における主権を再確認することが挙げられていた（Lemesle 1994:37,105）。

15 ブラザヴィル会議では、北アフリカを除くアフリカ植民地に関して、現地住民とヨーロッパ系住民を区別していた身分規定と地域行政機関による住民の司法面での扱いについて議論され、慣習的な地位を保持したままフランス民法による市民権の行使が可能となることが約束された。行政による処罰については、戦争終結後各地にフランス本国の司法制度が導入されることが示された（Lemesle 1994:55）。アルジェリアに対して適用された1944年3月7日オルドナンスでは、はじめて慣習的な地位を放棄することなく市民権が付与されることが定められた。ただし、市民権付与は、学位、軍務、選挙資格、公務員としての勤務などが検討対象となっており従来通り限られた住民にのみ開かれる仕組みとなっていた（Guillaume 1992:131）。

に名称を変えた。植民地から海外領土への移行は、制度の改変を意味し、その根底にはこれまでの現地住民法の見直しが含まれた[16]。加えて、ラミン・ゲ（Lamine Gueye）法は、海外領とアルジェリアに属する「全フランス国民」の市民の身分（la qualite de citoyen）を確認していた（1946年5月7日法律第940号）[17]。

　第4共和制の成立により、「現地住民の民事的地位」は、「属人的地位（statut personnel）」に変更された[18]。憲法第82条は、「…普通法の民事上の地位（statut civil）を持たない（フランス民法の適用されない―筆者）共和国の市民は、それを放棄しない限り属人的な地位を持ち続ける」と規定していた。それまで、現地住民の民事上の地位は、主として慣習を基礎としていた。現地住民の民事上の地位に該当する者へは、フランス民法は適用されず、これを望む者は慣習を放棄することが要請されていた。これを、「属人的地位」では、それまでの慣習に基づく民事上の身分を保持したままフランス民法の適用も可能としたのである。ニューカレドニアへ、現地住民に関する原則が適用された経緯を検討することは、今日まで続く問題をいくつか抽出する上で興味深い。現地住民法は、ブラザヴィル会議の結果1944年7月から順次廃止され、最終的には1946年4月11日法によって完全に撤廃された（Lemesle 1994:55）。しかし、現地では、現地住民法が撤廃された代わりに、それまで現地住民法によって実施されていたよりも、厳しい違反と罰則を定める総督令（1946年2月14日アレテ第136号）が出され、1947年まで効力を持った。これは1954年8月28日 に正

---

16 旧領（仏領ギアナ、マルティニーク、グアドループ、レユニオン）を県とすることは、第4共和制憲法の準備段階に制度化された（1946年3月19日法律第451号）。
17 ただし、最終的に第4共和制憲法は、共和国とは別にフランス連合を創出し、現地住民はフランス連合議会に対する政治権を行使することとした。すなわち、第一次憲法案では、それまで一部の植民地にのみ適用されていた単一選挙人団制（collège unique）による普通選挙制がアルジェリアを除くすべての植民地を対象として盛り込まれていたが、これは1946年5月5日に本国の選挙民に拒絶された。第二次制憲議会が準備した第2案では、「市民」の身分を新たに設ける「フランス連合」の市民権として規定し、国政に関しては二重選挙人団制が貫かれた。この第二次憲法案が1946年10月27日の国民投票により承認された。
18「属人法主義（principe de la personnalité des lois）」による地位。本人の属する種族、部族などその出自に従って法の適用が決定される。領土内のすべての人と物（自国に属すると否とを問わず）に対する同一的適用を定める「属地法主義（principe de la territorialité des lois）」と対比される（山口2002:429）。具体的な「属人法主義」の例としては、フランク王朝期にゲルマン諸部族がガリアにおける支配階級の法としてゲルマン法を採用し、先住のガリア=ローマ人に従来通りのローマ法を適用したことが挙げられる（滝沢1997:25-26）。

式に廃止され、メラネシア人は、居留地の外に自由に出かけることができるようになった。戦争税（14日分の賦役か25ドル/日で償還できる）[19]と人頭税は1947年までに（公式な賦役の撤廃は1947年2月14日）、強制労働と徴用（1946年4月11日法律645号、ヌーメアにおける公布は1946年8月23日）、契約による年季奉公の実施は1948年2月に最終的に、それぞれ廃止された。これにより、部族の外で労働に従事するメラネシア人は4,500人から1,500人ほどに減少した。強制労働や徴用の廃止は、現地住民法の撤廃によるところが大きい[20]。公的自由についての本国法は、集会の自由（1946年5月15日）、結社の自由（同年4月10日）、表現・報道の自由（1948年12月17日）がそれぞれ導入されている。

　最も適用が難航したのは、政治権における平等原則である。現地住民の政治参加は、ヨーロッパ系住民の激しい抵抗を理由に、ニューカレドニアのみ1945年8月22日オルドナンスの定めるもっとも選挙人資格が厳しいものが1951年まで適用された[21]。普通選挙は単一選挙人団制を定めたドゥフェール（Defferre）枠組み法（loi- cadre du 23 juin 1956）の公布の後実施された[22]。メラネシア人による平等な政治権の行使は、ニューカレドニアにおいて幾度かにわたり選挙人の範疇が拡大された後、実際に現地住民の選挙人の数がヨーロッパ系市民からなる選挙人の数を上回らないことが確実になった1957年10月6日の地方選挙時（現地住民の選挙人13,725人に対しヨーロッパ系住民は13,824人）に実現した。こうしたズレは、ラミン・ゲ法の導入によって生じる変化に対し実質的影響をそぐことができる別の法律の公布を待って、前者がニューカレドニアに適用されたため、可能となった。すなわち、1946年4月13日の選挙法（普通選挙制導入）ではなく、1945年8月22日オルドナンスの

---

[19] ニューカレドニアでは、1930年代に「公共事業」の一環として道路建設が奨励されるにあたり、ヨーロッパ系住民の各戸ごとにスープ、つるはし、シャベルとともに徴用されたメラネシア人労働者数名が配られ、隣接する家の戸口まで道を作った（Guiart 1997:119）。

[20] 現地住民法の違反関連規則は1945年12月22日、刑罰関連のものは翌年2月20日に撤廃された（Kurtovitch 1997:129）。

[21] キュルトヴィッチによると、プロテスタント牧師、初等教育終了書保持者、旧軍人、メラネシア人地方公務員（公立学校教師、看護夫/婦、郵便局員）、慣習枠組みにおける部族長が選挙人に認められた（Ordonnance no. 45-1874 du 22 aout 1945: arrêté no.970 du 6 septembre 1945, arrêté no.969 du 6 septembre1945）（Kurtovitch 1997:131）。

[22] 1956年6月に成立した枠組み法も、導入までに1年以上かかり、現地住民系地方議員による要望を通じて1957年7月22日政令によって導入された。

定める選挙人団（ニューカレドニアでの適用は同年10月21日）によって第二次制憲議会議員選挙（1946年6月2日）、地方議会選挙（同年6月30日）、その後の国政選挙とも行なうことが確定したのち[23]、フランスには単一の市民しか認めないという原則は承認された（1946年10月12日）（Kurtovitch 1997:135-138）[24]。

第4共和制において確立した慣習による地位を容認しながら、平等な地位の実現を試みる原則は、1958年の第5共和制憲法案にも継承された。共和国領土（本土フランス、海外県、海外領）に住む本国市民、海外領土のヨーロッパ系市民と現地市民のあいだの政治権と市民権の平等、フランス共同体（Communauté Française）の創出、国連憲章に則る「諸人民の自由な決定（"libre détermiation des peuples"）」原則（対海外領のみ）、海外領の自治権限拡大などである。

憲法制定に先立ちニューカレドニアでも住民投票は実施され、新憲法の受け入れ、ひいては海外領として共和国に留まる住民意志が表明された[25]。1960年の憲法改正によって海外領の多くは独立し、共和国に残った海外領は、海外県とともに「海外フランス」として再編された。

フランス領ポリネシア、ニューカレドニアへは議会の権限範囲（第34条）にあたる権限も既得権として保持していたことが地位として認められ、立法における特別体制が実現した[26]。

第5共和制憲法では、海外領は「共和国の利益の総体におけるその固有の利益を考慮して、特別の組織を有する」と定められ（第74条）、領土ごとの独自

---

23 1946年10月5日に国民議会において投票された選挙人に関する法律は、1946年4月13日法と同じカテゴリーを選挙人として定めていたが、A.O.F.（フランス領西アフリカ）、トーゴ、カメルーンのみ適用で、ニューカレドニアは適用範囲から除外されていた。

24 ただし、ラミン・ゲ法の公布は、ヨーロッパ系住民の不満のみならずメラネシア人のあいだに誤解に基づいた理解を促した。市民権の行使のためには属人法における身分を放棄せねばならず、すなわち、慣習法に従った婚姻と相続が普通法体制にとってかわることによりクランの部族長の権威も組織も成立しなくなると理解され、ヨーロッパ系住民がメラネシア人の政治参加を阻む中、新たな市民権に附随する利点（地方政治への参加を通じて居留地の経済発展やメラネシア人への社会保障を充実させることなど）は当初あまり顧みられなかった（Kurtovitch 1997:138）。

25 フランス共和国内に留まることを表明した場合、選択肢は、1.海外領のままで現状維持を望む、2.海外県になる、3.共同体構成国となる、の3つであった。ギニアのように、憲法を受け入れないことを表明すれば、全くフランスとの関係をたって完全に独立することを意味した。

26 海外県へは地域の特殊性にかんがみ憲法原則の「適切化の可能性」が定められたのみで、議会で決定された規則は特別に言及されない限り全て適用される。

性を反映する組織と機能を伴う地位が与えられた。この点に関しては、海外領と海外県との間に相違が存在することに注意を払わねばならない。海外県は、原則として、制度上フランス本国と同一に扱われることが定められていた（第73条）。海外領に対する独自性の担保は、海外領住民の地位にも反映せざるをえない。慣習を基礎とする地位については、第4共和制憲法の第82条が、第75条としてそのまま継承された。

　第5共和制以降海外領において属人的な地位のもとにある市民は、基本的な民事上の身分を保証され、財産相続、婚姻、出生、死亡といった日常生活を営む上で不都合に直面することはほとんどなくなった[27]。そのかわり、ニューカレドニアでは、普通法から逸脱している社会システムに属していることを間接的に承認する側面がクローズアップされたものとなり、普通法の民事上の地位への移行は、慣習を捨てるという意味でアイデンテイテイを失うことを、あらかじめ制度に示されているような形になっていた。

　第4共和制以前のニューカレドニアの現地住民の地位は、いわば共和国市民として同等に扱うにはあまりにも異質な（「非文明的」な）住民を、本国とは異なる法的地位を設け、適用することで統治の対象とするものであった。第4共和制および第5共和制で承認された「属人的地位」は、一方で、これまでの慣習に基づく地位に本国市民との平等性を与えながら、他方では脱植民地化の進展を背景に、ニューカレドニアをフランスに繋ぎ止める戦略的意図を伴っていた。

　新たな憲法のもとニューカレドニアへは広範な自治権限が認められたが、1963年には自治を制限する法律が可決されている[28]。メラネシア人の権利が認められていく過程において、彼らの利益を代弁したのは、1953年に創設されたカレドニア同盟（Union Calédonienne: 以下UCと表記する）であった[29]。か

---

27 コミューンをはじめとする行政機関では、慣習法とのあいだで不都合がないように制定されている細かい手続きのルールにのっとり行政サービスが実施されている（Agniel 2000:133-134）。

28 Loi no .63-1246 du 21 décembre 1963 portant réorganisation du Conseil de Gouvernement de la Nouvelle-Calédonie.

29 ヨーロッパ系住民出身、1951年にメラネシア人の強い支持を受けて国民議会議員に選ばれたモーリス・ルノルマン（Maurice Lenormand）が、カソリック教会組織UICALO（Union des indigènes calédoniens amis de la liberté dans l'ordre）とプロテスタント教会組織AICLF（Association des indigènes calédoniens et loyaltiens français）のメラネシア人とともに創設した。UCは、「人種はふたつ、人民はひとつ（"deux races, un seul peuple")」をスローガンに、自治を標榜する政党として、選挙権を得て間もないメラネシア人の支持を獲得、領土における多数派を形成した。

12

ねてよりUCの弱体化を求めていたゴーリスト政党カレドニア連合（Rassemblement Calédonien）は[30]、60年代後半にはニッケル採掘と投資の国による保護を名目に自治権限の一部返還に成功した[31]。これにより、ニューカレドニアの鉱物資源と鉱業関連大企業への税優遇制度に関する決定権はフランス政府に移った（Mathieu 1994:199-200）。

　1969年に初めて現れた独立運動は[32]、1973年から多様な展開を示しはじめる（Mathieu 1994 :200; Belorgey et Bertrand 1994: 94）。1974年には、「グループ1878（Groupe 1878）」が、1878年のメラネシア人蜂起から100年を迎えることにちなんで結成された。1975年には、後に多くの独立運動体を生み出す独立達成調整委員会（Comité de coordination pour l'indépendantiste）が結成され、共和国カレドニア連合の設立にともなうフランスへの帰属の主張に対抗する図式ができ上がった。6月には、領土議会議長として、ユルジェイ[Yann Céléné Uregei: 1932-2000]が1958年の自治枠組みに戻すよう陳情団を率いてパリに赴いたが[33]、ジスカール・デスタン[Valéry Giscard d'Estaing: 1926-2020]大統領にもシュティルン[Olivier Stirn: 1936-]海外領土相にも面会を受け入れられず、数日後、独立達成調整委員会に加わった（ *Le Monde*,7 juin 1976）。1976年には、赤いスカーフの中心メンバーからなる独立派政党PALIKA（Parti de libération Kanak）が設立された。

　他方、9月に政府の財政援助を受けて開催された「フェステイヴァル・メラネシア2000」は、メラネシア人アイデンティティの申し立てがはじめて明示

---

30 カレドニア連合は、1945年にニューカレドニアを代表する初代国民議会議員に、1947年には共和国参事官に選出されたアンリ・ラフルール[Henri Lafleur: 1902-1974]が、UCへの反発を共有する住民の支持を受け1958年に設立した。1975年には共和国カレドニア連合（Rassemblement pour la Calédonie dans la République: RPCR）となり、最近まで非独立を目指す主勢力をなしていた（Bélorgey et Bertrand 1994:94-95）。

31 Loi .66-794 du 27 octobre 1966 relative à la composition et à la formation de l'assemblée territoriale de Nouvelle-Calédonie et dépendance. Loi no. 69-4 du 3 janvier 1969 modifiant la réglementation minière en Nouvelle-Calédonie. Loi no.69-5 du 3 janvier 1969 relative à la création et à l'organisation des communes dans le territoire de la Nouvelle-Calédonie et dépendances. Loi no. 69-6 du 3 janvier 1969 portant régime fiscal de certains investissements dans le territoire de la Nouvelle-Calédonie et dépendances.

32 マレ島の大酋長ネスリーヌ[Niddoich Naisseline: 1947-2015]によってメラネシア人学生を中心とした「赤いスカーフ（Foulards Rouges）」が結成された。

33 領土議会副議長、ついで議長となった。メラネシア人の利益が十分考慮されていないと主張し、「多人種同盟（Union multiraciale）」を設立した。

的に表現された行動であった[34]。これは、独立運動とは別に、演劇、慣習儀礼、ダンスなどを通じて文化面から「カナク人（Kanak）」の存在をアピールするとともに[35]、クラン社会の「道」を通りそれまでメラネシア人が近寄ることのなかった「白人ヌーメア（Nouméa-la-blanche）」に方々から集まるフェスティヴァル参加者の姿そのものが、ヨーロッパ系住民に動員力と慣習を背景とする固有の文化を示すこととなった（Monnerie 2002:620; Lebric :161）。

　独立運動の高揚を受け、本国政府は、ニューカレドニアへ一定の自治を認め、本国政府を代表する高等弁務官とニューカレドニア側からなる「統治評議会（Conseil de gouvernement）」のもとに行政を移管した[36]。1978年には、バール[Raymond Barre: 1924-2007]内閣のもとディジュ[Paul Dijoud: 1938-]海外領土相は調査団を送り込み、地域発展計画、土地改革、メラネシア人の就学状況の改善策が提案されている。1979年の領土議会選挙では、独立派と反独立派の割合は、35 ％対65%を数えるまでになっていた（Mathieu 1994:201-202; Bélorgey et Bertrand 1994:94-95）。

　ディジュ海外領土相のニューカレドニア改革は[37]、メラネシア人の生活水準

---

34 ダロ（Mireille Darot）は、「フェスティヴァル・メラネシア2000」からカナク文化とアイデンティティの特殊性が主張されはじめることを、トニャの論説（Octave Togna, "Mwa Wee, 10 séptembre 1995," Il y a 20 ans...Melanesia 2000.）を例に説明している。1995年には、トニャの他にも、カナク集団の肯定的な意識の覚醒に占めた「フェスティヴァル・メラネシア2000」の重要性に関する証言が多数紹介された。"Mélanesia 2000-Dossiers- Documents et témoignages", *Journal de la société des océanistes*, 100-101 （1-2）,1995.

35「フェスティヴァル・メラネシア2000」の一環で、後述するジャン＝マリ・チバウは、『カナケ：ニューカレドニアのメラネシア人（Kanake, mélanésien de Nouvelle-Céledonie）』を著し、民俗学者、個人的な経験、キリスト教の考え方に加え、今日のメラネシア人のリアリティなど広範囲にわたる要素を組み入れた「カナクの世界」を描き出した。フェスティヴァルによって、それまでなじみの薄かった語「カナク（kanak）」の認知が促進された。（Tjibaou 1996: 47）。フェスティヴァルについて、詳しくは次を参照。Jean-Marie Tlibaou, *Kanake, mélanésien de Nouvelle-Calédonie*, Papeete; Editions de Pacifique, 1976.

36 Loi no.76-1222 su 28 décembre 1976 relative à l'organisation de la Nouvelle-Calédonie et dépendances.

37 *Un plan de développement économique et sociale a long terme pour la Nouvelle-Calédonie. Le projet de la France en Nouvelle*-Calédonie, Nouméa, Imprimeries réunies, 1979, 120p. （version abrégée distribuée à chaque famille calédonienne du document de 312 p., *Vivre en France en Nouvelle-Calédonie*）.

38 1975年には、海外領土省援助を背景に、メラネシア人への融資促進を目的に、内地・島部開発援助基金（Le Fonds d'aide au développement de l'intérieur et des îles）が設立されており、慣習のもとにありながらもメラネシア人が個人の立場で起業家として市場経済に統合されうる制度基盤が構築されつつあった。

14

向上、伝統文化の振興、メラネシア人への土地返還を盛り込むなど[38]、はじめてメラネシア人の経済・社会的条件を早急に改善し公正な行政の実現を目的としたものであった[39]。しかし、土地返還の方法が、ヨーロッパ系市民の経済利益を損なわないよう実施する観点からのみ追求されていたため、むしろ領土内の二極化を助長した。とりわけ、いずれの政策も、メラネシア文明への配慮が十分でなく、1979年10月には独立派に拒絶されている（Leblic 1993:162-169）。

1.2.2 社会党によるニューカレドニア改革とカナク・アイデンティティの承認

　1981年に成立した社会党政権は、海外領に対する政策の基本に文化的アイデンティティを分権化の枠組みとして認める立場をとっていた。これが、「相違の権利（Droit à la différence）」と呼ばれる原則である。1983年7月に、政府代表に独立派（慣習における代表を含む）と反独立派を加えた円卓会議（Table Ronde de Nainville-les-Roches）が開催され、共同声明には社会党のニューカレドニア政策が反映された。

　第一に、メラネシア文明への平等な認知。これは、慣習を反映する制度の樹立を伴う。第二に、先住民であるカナク人民の土地に対する正当性の承認。これは、共和国憲法の認める自己決定権の主体として「カナク人民」を認めることでもある。第三に、ニューカレドニアを構成する他のエスニック集団にもカレドニア人民（le fait du peuple calédonien）として自己決定権を認めること[40]。第四に、必要な移行期間を設けて政治の安定を確保するとともに進化発展する内的自治の制度を創出すること、である。会議の宣言文を受けて1984年5月に提出された法案では、クラン・部族は、法的主体として扱われるとともに、エスニック集団の故障として「カナク人（Kanak）」、「カナク人民（Peuple kanak）」が用いられた[41]。

　現地で独立派・反独立派間の暴力事件が相次ぐ中、2つの地位案が、1984年

---

[39] しかし、1978年から1980年にかけてバール内閣のもと打ち出された海外県・海外領への改革は、実施にこぎつけていない。

[40] 白人入植者、アジア系移民の子孫の他に、1969年にかけてのニッケルブームにより、およそ5000人のヨーロッパ人と2000人のワリス人が移民としてグランド・テール島に定着している。

[41] Projet de loi no.84-2094 portant statut du territoire de la Nouvelle-Calédonie et dépendance（3 mai 1984）.

（法律第84-82号：領土を慣習にのっとった区画に区分し領土議会を創出するとともに5年以内に投票を行う）、1985年（「独立-協同国関係案（Plan Indépendance-Association」：領土土当局から新たに創出する「4州」に可能な限り権限を委譲し、各州は独立派か反独立派の多数派が占めることで領土としては両勢力の共存を目指しながら独立を実現しつつ、フランスと協同国関係を維持する）とそれぞれ提示されている（Mathieu 1994: 203-204）。

　しかし、社会党は、次章で述べる通り、暴力的な対立がエスカレートしていく中で独立派・反独立派双方の妥協点を見い出しえないまま、総選挙での敗退により調停プランの実施を中断することとなった。この間、独立戦線（FI: Front Independantiste）はジャン=マリ・チバウを筆頭に「カナク社会主義者国民解放戦線（FLNKS: Front de Liberation nationale kanak socialiste）」へと組織を変え（1984年9月23日）、以後、投票ボイコットを展開、11月25日には新設された領土議会選挙への棄権を呼び掛け、12月1日に正式に「カナーキ（Kanaky）仮政府」が樹立されることを宣言した。

　パリで新たな地位・組織が議論されているあいだにも現地での対立は「ほぼ内戦」の様相を呈し[42]、12月1日のメラネシア人暗殺を皮切りに、ヨーロッパ系住民、憲兵、FLNKSの間で暴行と殺害がくり返されていった[43]。保革共存期には、ヨーロッパ系住民の主張が国政に反映される形で州の権限が大幅に削減されるとともに、1985年11月から行われていたメラネシア人を対象とした社会法整備、経済支援、文化振興、職業訓練、教育、公衆衛生改善、土地改革などが中断された。こうした動きに対し、1986年12月2日には、国連総会において、ニューカレドニアが脱植民地化されるべき国として植民地独立委員会へ提訴されている[44]。結果として、シラク[Jacques Chirac: 1932-2019]内閣のニューカレドニア政策では、自決投票として「共和国に留まるか独立するか」

---

[42] ネスリーヌは、「ほぼ内戦に近い状態だった。」と当時を回想している（Conan 1998）。
[43] 次章で述べる通り、仮政府安全保障担当相と公表されたマショロ[Eloi Machoro: 1946-1985]が、1985年1月12日に憲兵に暴行され死に至った。この間の諸事件については、本章では、マシュー（Mathieu 1994:204）、ベロルジェとベルトラン（Bélorgey et Bertrand 1994:95）を参照している。
[44] 1970年代に新たに独立した太平洋諸国は、フランス領ポリネシアの核実験廃絶とともに、ニューカレドニアの独立を支持していた。具体的には、1979年以降、太平洋フォーラムを通じて独立派への支持を表明するとともに、国連総会における決議を要求していた。1986年12月2日にニューカレドニアを脱植民地化すべき国のリストに加えるとする決議には、オーストラリア、ニュージーランド、フィジー、太平洋諸国、日本、インドネシアなど、89ヶ国が賛成を表明した。

のみ問う投票が実施され、常駐させた軍隊も巻き込んで独立派との対立は頂点に達し、今日まで語り継がれるウベア島の惨劇を引き起こした（Mathieu 1994:203: Bélorgey et Bertrand 1994:95）[45]。メディアは、大統領選挙戦と同時進行でてん末を描き出し、「フランスの一体性」を訴えるミッテランに有利な状況をつくり出した。

　1988年5月、ミッテラン大統領の再選と社会党の国民議会における多数派復帰を背景に、ミッシェル・ロカール首相を筆頭に、後述する通り、調停が再開した。6月26日には、独立派リーダーであるFLNKS代表チバウ、反独立派リーダーであるRPCR代表ラフルール[Jacques Lafleur:1932-2010]、政府を代表する首相ロカールの三者の合意に基づく「マティニオン協定（Accords de Matignon）」が成立した。協定の骨子は、以下の点にある。独立をめぐる住民投票は1998年に実施すること。投票における選挙人は、領土に10年以上住むフランス市民とする。投票までの間に、メラネシア系住民とヨーロッパ系住民、および列島の南北間の経済的な格差是正をすすめること。政治・経済におけるメラネシア系住民の統合をすすめること、であった。国家の立場は、特定の選択を奨励するのではなく「中立」を保ち、領土における10年間の安定と秩序維持を保証する。政府代表として高等弁務官（Haut commissaire）を設置し執行権を行使する代わりに、独立派の主張に譲歩する形で、将来の可能性のひとつとして政府は「独立」を否定しないことを受け入れた。土地については、国による買い上げをいっそう進め、グランド・テール島北部におけるクラン土地所有をおおむね定着させる。領土組織については、3部（province）すなわち北部（Province Nord）、南部（Province Sud）、ロワイヨテ島部（Province des îleas Loyauté）と、領土（Territoire）、そして国家の3レベルで権限を分けて実施する、地方共同体そのものが準連邦制に基づく本土フランスとの関係を実

---

[45] シラク政府は、後述する通り1987年9月13日、地方選挙とニューカレドニア住民投票を同日に実施し、98.3%の投票者はニューカレドニアが共和国に留まることを選択したが、棄権率は40.9%を記録した。独立派と反独立派の対立が続き治安が乱れる中で、1988年4月22日、プリガード艦でウベア島に接岸した憲兵が独立派活動家に襲われ、4人が殺害されるとともに27人が人質にとられた。問題が解決しないまま、シラク内閣は、同年5月5日、関係者が籠っていた洞くつを軍隊に襲撃させ、独立派19人が殺害された。
[46] 決定事項について、詳しくは、マティニオン協定全文（*Le Monde* 29/06/1988:8）と次を参照。Loi no. 88-1028 du 9 novembre 1988 portant dispositions statutaires et préparatoires à l'autodétermination de la Nouvelle-Calédonie en 1988.

現した（Mathieu 1994: 210）[46]。

　協定の実施過程において、89年5月には調停に尽力した独立派リーダーのチバウ、イェウェネ[Yeiwéné Yeiwéné: 1945-1989]が独立派内部の者によって暗殺されたが、エスニック集団間の合意に基づく将来を目指す意欲、地域発展志向の領土運営への配慮とメラネシア人の社会プロモーション政策は覆されることがなかった[47]。むしろ、チバウの協定過程に臨む姿勢（「主権とは、相互依存関係を交渉する能力である」[48]）が関係者によって堅持された。1991年4月に、FLNKSは、合意による解決の道を探るラフルールによる提案を受け入れた。ラフルール・グループは独立派が多数を占める北部に、北部ニッケル鉱山の操業権を譲渡している[49]。フランス政府は、ジュペ[Alain Juppé: 1945-]首相のもと1995年から自己決定権の行使ではなく交渉による協定を結ぶ方向で調整を再開したが、交渉の前提として独立派が要求したニッケル精製工場の北部地区への建設をめぐり、利害がからむ中、筋道をつけきれないうちに選挙で敗退した[50]。1997年以降、ジョスパン[Lionnel Jospin: 1936-]内閣のもと調整は再開され、困難を経て1998年5月にヌーメア協定の調印に至っている。マティニオン協定の定めた1998年までの独立をめぐる住民投票実施については、RPCRとFLNKS双方が2014年から2020年の間の実施に合意した。これにより、投票までのニューカレドニア施政に方針を与えるべく、マティニオン協定に替わる新

---

47 1985年にエロワ・マショロが殺された時は交渉そのものが成立しなくなっていった。

48 1988年7月4日に両院において宣言されたロカール首相の所信表明演説における引用より。

49 南太平洋鉱業会社（Société minière du Sud- Pacifique/SMSP）は、1990-91年に北部がラフルールからウアコ（Ouaco）を中心とする北部鉱床採掘権を買い取り（資金参加は95%、5%はパリバ銀行による）、操業を開始した。SMSPは領土第4番目（ニッケル生産量は21.8%）のニッケル会社となり、北部は、領土においてSLNに次ぐ経済的プレゼンスを持つことになった（Leblic 1993:42-44）。

50 SMSPは、精製工場建設をめぐってカナダの業界最大手であるファルコンブリッジ社（Falconbridge）の協力を得ることに成功したが、同社から、25年の鉱床埋蔵補償を条件として提示され（北部鉱床は15年ほどで枯渇するとみなされていた）、国に対し、領土内で最も豊富なニッケル埋蔵量を誇る鉱床を持つERAMET公役会社（世界第三のニッケル会社で、1983年の国有化によりフランス国家が主たる株主、1994年民営化以降資金参加は55%）のあいだで鉱床の一部を交換することを申し入れていた（ジュペ内閣）。1998年2月には、ジョスパン首相のもとでFLNKS、RPCRと国の間で解決の条項について基本的な点では合意に達したが（*JORF*（Débats parlementaires Assemblée Nationale: 以下*AN*），11 juin1998:43594）、以後も協定実施そのものに影響を与える問題となった（Conan 1997:2000）。

51 ニッケル精製工場問題は1999年に解決の方向を見出している。国が10億フランを予算として用意するとともに、南部・北部の資金参加による新たな会社設立の方向で北部に工場を建設することとした（Conan 1997:2000）。

たな協定が締結されることとなった[51]。それが、1998年5月にヌーメアで調印された「ニューカレドニアに関する協定」、いわゆるヌーメア協定である。

1.3 ヌーメア協定と共和主義原理の変容
1.3.1 カナク人民の誕生

　ヌーメア協定は、フランスの基本としてきた共和主義原理から大きく逸脱する内容を備えていた。それらは、カナク・アイデンティティ（identité kanak）の承認、「主権分有」に基づく統治、そして「積極的差別是正措置」としてまとめることができる。

　指導方針文書の第1章はカナク・アイデンティティについて検討しており、冒頭では、「ニューカレドニアの政治・社会組織は、カナク・アイデンテイテイをよりよく考慮すべきである」と明記されている。

　ファブロンは、ヌーメア協定の重要性をカナク・アイデンティティの承認に見ている。カナク人は、二重の特殊性を負ってきた。ニューカレドニアの住民のうち、唯一「生来の（originelle）」住民である一方、植民地統治下では市民権を付与されず、公的にはその存在を否定されてきたからである（Faberon 1999:11-12）。

　むろん、ニューカレドニアに居住する住民は、カナク人集団のみではない。ヨーロッパ系住民をはじめ、基幹産業のニッケル工場で働く周辺のタヒチやウォリスからの労働移民も存在する。協定はそのことも考慮し、ニューカレドニアが「複数の共同体からなる（pluri-communautaire）」ことを指摘していた。その上で、植民地化によりカナク人の置かれた状況を考慮すると、フランスの植民地化の「誤りを認め、カナク人民から取り上げられていたアイデンティティを返すべきである」と提言していた。

　このように、協定の基調は、カナク人に固有なアイデンティティ、およびそのニューカレドニア・アイデンティティ全体に占める重要性の承認にある（Faberon 1999:12）。協定は、「カナク・アイデンティティを完全に認めることによって、慣習による地位と普通法における民事上の地位との関係を明確にする」ことに言及していた。

　「完全なカナク・アイデンティティを認めることから、慣習法の地位及びこれと普通法における自然人の民事上の地位との関係を明確にし、とりわけ慣習法元老院（Sénat coutumier）の創設によって、制度における慣習構造の位置付けを用意する。」（ヌーメア協定前文第5段より）

　このように、慣習を実体的なものと考える視点の立脚点は、カナク・アイデンティティの承認に見い出されている。同時に、「完全なカナク・アイデンティティを認めることから」、「カナク遺産を保存しまたより大きな価値を与え、土地は開発しつつもこれとの繋がりの名において表明された要請に応える新たな法的・財政的メカニズムを実施し、[各々のエスニック集団に（筆者）]受け入れられた運命共同体において国[すなわちニューカレドニア（筆者）]のカナク・アイデンティティの主たる位置を示す独自の象徴を採用することが導き出される」と結んでいる。「土地は開発しつつもこれとの繋がりの名において表明された要請」とは、これまでカナク独立運動において主張されてきた土地と文化の関係、すなわち、カナク人にとって、土地は、経済、政治問題ではなくなにより、文化の領域に属する（Leblic 1993:167）という認識である。文化、慣習は、維持・発展させるための制度的基盤を与えられたことになった。

　協定では、それまで現地住民に対して設けられていた「民事上の特殊な地位」、すなわち属人的地位が、「現代生活のある種の状況」に応えないとして[52]、慣習による地位（statut coutumier）」を創出することが述べられている。これを受け、1999年3月19日に制定された組織法（法律第99-209号）では、カナク人の属人的な地位は、「慣習的な地位」と定められた（*JORF* (*Lois et décrets*), 21 mars 1999:4197-4198）。

　アニエルによると、以前の「属人的地位」と「慣習による地位」との違いは、普通法の民事上の地位との関係にある。かつては、属人的地位の放棄は、不可逆性の原則に基づいていた。つまり、いったん放棄した地位は回復が不可能であった。しかし、「慣習による地位」では、いったんこれを放棄して、フランス法を全面的に適用されたとしても、再び慣習的な地位を回復する可能性が与えられ、移行にあたっての条件が明確にされた（Agniel 2000:134）。

　慣習の公的承認は、ニューカレドニア社会の広範な変容を伴うこととなった。「居留地（réserve）」は、「慣習地所（terres coutumières）」に改められるとと

---

[52] ボレラ（François Borella）は、フランス市民権が国民共同体への帰属の他に民事上の身分に関する権利を定める役割を担うことに注目し、1946年まで刑法によって守られる公民権と連動していたことを指摘している。第3共和制において制度化された「普通法の市民の身分」と「属人的な市民の身分」の違いによって、植民地臣民は、刑法の規定によって公正が保たれることで個人に約束される権利と自由の総体と民事上の保護が奪われた状態に置かれていた（Borella 1992:222-224）。

20

もに、クランを基礎とする集団的土地所有の容認、伝統的な土地の名前や象徴の保護、カナク人の言語の奨励が謳われた。慣習法に対する一定の法的拘束力を認める規則の制定も提唱された。さらに、マテイニオン協定の過程においてこれまで存在していた慣習長老評議会は、地方およびコミューン議会に対する諮問機関としての性質をともなう慣習法（前項引用文）元老院への移行が定められた（指導方針文より）。

　ヌーメア協定の文言に、随所に「カナク・アイデンティティ」という表現が用いられている。ニューカレドニアに関するこれまでの協定文は、「メラネシア人集団の存在（présence de Mélanésiens）」を認めることはあったが[53]、「カナク人」の存在が公式に認められることはなかった。先住民族としてのカナク人ということでは、「相違の権利」に基づく社会党のニューカレドニア政策ですでに言及されていた。しかし、ヌーメア協定では、先住民族としてのカナク人に法人格を認め、公的な集団として認知した点で一歩進んでいた。この点についてロシニョル（Garsenda Rossinyol）は、フランス全体とは異なるニューカレドニアの状況を考慮することで、特定のエスニック集団に所属することを判断基準とした積極的差別是正措置の適用が可能となっていること、すなわち、

---

53 例えば、1988年7月4日の国民議会におけるニューカレドニア行政に関する審議では、法案の主旨説明において、報告者（Raymond Forni）は、「メラネシア人のあまりにも小さな存在（trop faible présence de Mélanésiens）」に言及している（JORF (AN), 5 juillet 1988:438）。また、マティニオン協定に関してミッシェル・ロカール首相がミッテラン大統領へ宛てた手紙では、「メラネシア共同体（communauté mélanésienne）」と表現している（Lettre du Premier ministre au Pesident de la Republique, le 5 octobre 1988）。

実質的平等を目指した「マイノリティ」への積極的差別是正制度が肯定されていることを指摘している。協定では、ニューカレドニア独自の市民権に根ざした投票権と、雇用政策の可能性を認めている。ロシニョルは、議会での審議において、過去の植民地化に根ざすフランスの責任と、ニューカレドニア共同体がこれからの10年の安定を実現するためのカナク人の社会への統合の必要性から、法律制定者が初めて個人の出自に根ざした区別を認めたと説明している。(Rossinyol 2000:459-466)。

　ロシニョルの考察は、ニューカレドニアに認められた制度が、植民地化の歴史対して国家が認めた責任と、現在の政策決定者が当事者ではなく過去を受け継ぐものとして、憲法原則とは別に、共同体の未来をデザインしたという事実にのっとっていることを表している。

1.3.2 主権分有と疑似連邦

　このように「カナク・アイデンティティ」の承認は、ニューカレドニアの社会組織の再編ともいえる意義を有していた。しかも、それは、社会組織の再編にとどまらず、政治的制度の改変をともなっていた。協定では、「カナク人民が我々の時代の現実に見合った新しい関係をフランスと確立することを可能とし、ニューカレドニアで今日生きる各共同体間で持続可能な社会の絆を作り直すのに必要な手段」として脱植民地化が位置付けられ、「これ（カナク・アイデンティティの承認）は彼らにとって、新たな主権に先立ち、共通の運命のもとに行使される主権分有の承認に匹敵する事態である」（前文第3段）と述べられていた[54]。「新たな主権」とは、独立の可能性を示したものである。では、それに「先立ち、共通の運命のもとに行使される主権分有」とはなにを意味するのだろうか。主権分有とは、フランソワ・リュシェール[François Luchaire: 1919-2009]によると、「ふたつの主権があるとき、一方が他方の合意なしに規則を決めることができない」憲法的状態を意味している[55]。現憲法第3条で示されている「主権は、単一にして不可分である」という共和国の原則と抵触す

---

54 原文は次の通り。"Il convient de faire mémoire de ces moments difficiles, de reconnaître les fautes, de restituer au peuple kanak son identité coufisquée, ce qui équivaut pour lui a une reconnaissance de sa souvraineté, préalable á la fondation d'une sauveraineté partagée dans un destion commun."
55 引用はジレールより（Ziller 2000:448）。

る概念である。しかし、ヌーメア協定では、「主権分有」に基づきニューカレ
ドニアの統治について、次のような説明がなされていた。

　ニューカレドニアの各島議会（北部、南部、ロワイヨテ島部それぞれの議会）
議員の一部から構成される領土合同議会を設置する。この合同議会に与えられ
た立法権は、憲法院の判断にのみ従う孤立性の高いものである。また行政権は、
ニューカレドニア政府に、外交についても太平洋諸国と特定国際機関との間で
の特定範囲における協定締結権限を認める。権限移譲は、合同議会によって調
整されるが、漸進的に移譲されるため、制度そのものが進化発展する。これら
の権限は、不可逆性原理に基づき、本国政府から譲渡された権限が後から制限
を受けることはない。権限の移譲が完了した時点で、フランス本国政府には、
司法、秩序維持、防衛、通貨、外交の権限が残される。ニューカレドニアの行
政府は、移行期間において、住民の身分、土地所有、初・中等教育に対しては
単独で行政権を行使する。周辺地域に関する外交、外国人管理（入国管理）、
高等教育については、本国政府と共同で執行権を行使する。最終的な権限の移
譲は、2013年から18年の間に実施される国民投票の結果に従い、国際法にお
ける完全な主権の認められる地位、国籍に伴われる市民権の管理の移譲、すな
わち独立に至る。ニューカレドニア市民権には、地方選挙および自己決定権を
行使する投票権と地域労働市場参入の権利が含まれる。

　ヌーメア協定は、1998年の住民投票を経て発効した。これにより、ニュー
カレドニアは、憲法第74条のもとにある海外領土ではなくなり、立法権を持
つ特別な共同体の地位が認められる「主権分有にある国（pays à souvraineté
partagée）」へと移行した[56]。これを受け、憲法の第13章に「ニューカレドニ
アに関する経過規定（Dispositions transitoires relative à la Nouvelle- Calédonie）」
が個別に定められた[57]。

　むろん、個人と国家を媒介する中間団体を革命期から排除してきたフランス
にとって、先住民族に個人以外の法人格を付与することは憲法と抵触する可能
性がある。議会での審議においても協定に対する反対意見が提出された。しか
し、政府は、共和国の憲法原則に反する内容については、憲法の改正により対

---

[56] ただし、海外県、海外領、特別共同体といった憲法上の特定の地位は準備されず、たんに「ニュー
カレドニアと記されてきた。
[57] Loi constitutionnelle n° 98 -610 du 20 juillet 1998 .

応する旨の答弁を行った[58]。

　ヌーメア協定の性格を、ジレールは、多極共存型デモクラシーの実例と解釈している。ジレールは、ニューカレドニアの主権分有に基づく制度が、主要な集団間の暴力を回避するとともに、暴力そのもの根絶を目的として行なわれた当事者間の交渉の産物であると指摘した。

　以上の過程を経て、ニューカレドニアは、民主的手続きにより「独立」を前提とする新たな制度的枠組みを与えられた。第5共和制憲法の制定時に、前文において謳われていた海外領の「自由な自己決定」と異なるのは、「完全な主権への道」をフランスが同行すると協定前文で明記している点である。ロシニョルは、完全な主権とは、「新たな独立国家の誕生」と受け取ることができると指摘している（Rossigyol 2000:484）。

　では、固有のアイデンテイテイの承認や主権をはじめとする共和制原理からの「逸脱」を基調とするヌーメア協定は、なぜ可能となったのだろうか。

　マテイニオン協定からヌーメア協定の交渉過程で調停の任にあたってきた行政官クリスナハト[Alain Christnacht: 1946-]は、そもそもニューカレドニアに共和主義原理を適用できない状況に直面したという。彼は、その状

ヌーメア協定のための調整・交渉を整えて脱植民地過程をジョスパン首相直属の担当官として組み立てたアラン・クリスナハトさん。面会時は国務院判事だった。

<hr />

58 1998年6月11日、国民議会における憲法改正のための審議で、リュカ[Lionnel Luca: 1954-]議員が、内容かあまりにも衝撃的であることからヌーメア協定の前文のいくつかの削減を提案し、理由として、フランスの歴史的役割を非難していること、積極的優遇制度が憲法原則に反していることをあげた。同議員は、続けて、権限の譲渡が決定的なやり方で進められ、立法府による変更を認めないとする法案の主旨に対し修正を申し入れるとともに、新たな市民権を設けること、法文において「属人的な地位」の一般的な呼称である「特殊な属人的地位 (statut personnel particulier)」を「慣習的な地位」に代えることを提案したが、取り下げられている。理由としては、権限の決定的移譲の件については、議会でこれまで十を超える地位が認められることにより、領土が法治国家の一部とは考えられない混乱に見舞われてきたことと協定が長い歳月をかけた交渉の産物であることを、市民権については、憲法原則に反するがゆえに憲法を修正しようとしているとの主旨を、地位の呼称については、「慣習」が4000年前から領土に住む住民の固有の価値であることとともにそれを「特殊」呼ばわりすることが侮辱にあたることを、担当大臣、報告者がそれぞれ説明した（*JORF (AN)*, 12 juin 1998:4979-4983）。

況を、「属人的な地位を与えられることによって、共和国憲法のもつ統合的かつ平等主義的な原則のもとに置かれずに長い時間過ごした集団が存在してしまった結果、共和主義が最も否定すべき『共同体』ができてしまった」と説明している。このような歴史によって、集団が与らなかった制度枠組みは、近代的な個人主義に立脚した「民法（Code civil）」であった[59]。

おわりに

　フランス本国とニューカレドニアの異なる現実を認識するところから出発したマティニオン協定、次いで、ヌーメア協定の締結は、「慣習」や「自治」、エスニック集団に応じた「積極的優遇制度」など、これまでのフランス法からは容認し得ない原則をもたらした。「移行期間」という制限がつくにせよ、フランス本国とは異なる新たな制度をフランス海外領土へ提供した。それは多様性を特徴とする。

　フランスによる植民地化の歴史を、「共和国の歴史の暗部」と表現した協定は、ニューカレドニアの「脱植民地化」をすすめるにあたり、エスニック集団を法人格として認めるとともに、慣習をめぐる制度の扱いを改め、フランス市民権とは別に「ニューカレドニア市民権」を設定した。限定的ながら「主権分有」にのっとり立法権を認め、事実上フランス型の「自治領」の成立を実現した。こうした変化は、海外領土のあり方を今日的な関係に組み換えようとするものであった。

　フランスの統治者は、ニューカレドニアの危機への対応から協定過程の実施、憲法改正を経て、歴史、とりわけ植民地の歴史を顧みることになった。マティニオン協定実施期間とされた10年間は、フランスでは1989年の大革命200周年から1998年までの記念年が続く時期にあたり[60]、多くの歴史的事実が明らかにされ、歴史の見直しが進んだ。この間、進められた歴史の見直しの作業は、フランスが「独立」を求める植民地に対してとってきたどのケースとも異なる

---

[59] 1999年12月17-19日にヌーメアで行われた討論会におけるクリスナハトの発言より。Intervention d'Alain Christnacht dans "Le droit au service de la politique (par des représentants des trois parties signataires de l'accord de Nouméa)", *La souvraineté partagée en Nouvelle-Calédonie et en droit comparé*, Paris; La documentation française, 2000, p.68.

[60] 1998年はナントの勅令から400周年、世界人権宣言から50周年、イスラケル建国から50周年、奴隷制度廃止から150周年と、記念行事が続いた。

政治過程を実践することに貢献した。80年代を通じて、議会をはじめとする
フランス法律専門家と法学者は、「法が歴史に背を向ける時、法律絶対主義者
としての概念を作り上げる」ことを目の当たりにしてきた[61]。

　かつて元首相ミッシェル・ロカールは、ヌーメア協定について、次のように
発言した。「それ（協定）は契約以上のもの、文明の行為である。我々のおこ
なおうとしているのは、知性の賭け（pari d'intelligence）である。賭けとは、
インドシナ、アルジェリア、マダガスカル、アフリカでの多くの失敗の後につ
いに成功するある脱植民地化である」[62]。

　また、彼が、「私は、公法の教授たちが、合憲とはされているが、ともにつくり
あげた対象の新しさと風変わりな姿を前に抱く困惑を、ひとあし先にじっくり
と味わっている。しかし、法は、生活に適合しなければ、その文明化の機能を
果たさない」と発言する時、その「文明化機能（fonction civilisatrice）」を支
えているのは、今日のフランス市民社会を造り上げてきた近代性（modernité）
への自信であろう。

　ニューカレドニアの統治は、近代性に裏打ちされた制度が、これまで排除し
てきた慣習といった要素を前にして、多文化状態を実現することができるかを
問う想像力の賭けであった。多様性の制度的承認を実現することで、フランス
は、「可分性」原則を打ち立てつつある。

---

61 1999年12月17-19日にヌーメアで行われた討論会におけるトビラ=ドゥラノン（当時）[Christiane
Taubira: 1952-]の発言より。Intervention de Christianne Taubila-Delannon dans "Le droit au service
de la politique（par des représentants des trois parties signataires de l'accord de Noumea）", *La
souvraineté partagée en Nouvelle-Calédonie et en droit comparé*, Paris; La documentation francaise,
2000, p.443.
62 ヴェルサイユ両院合同会でのミッシェル・クレポー[Michel Edouard Jean Crépeau: 1934-1999]
の発言における引用より。

第**2**章

暴力から共存へ

はじめに

「ニューカレドニアは、独立国家となるべきか？」

　ニューカレドニアでは1980年代の暴力的な対立をへて、マティニオン協定、ついでヌーメア協定がフランスからの独立派、反独立派およびフランス政府との間で結ばれ、脱植民地化プロセスが進められてきた。その最後のステップである3回の投票のうち第1回目が2018年に、第2回が2020年、第3回が2021年に実施された。2020年10月4日、ニューカレドニアでは、この30年来の問いに対する答えを求めて、ニューカレドニアにおけるレファレンダム投票資格を有する住民を有権者として住民投票（諮問）の第2回目が実施された[1]。結果は、反対53.26%、賛成46.74%で、差は9965票と、1回目と比べて僅差になった（投票率85.69%）。その一方で、2021年12月12日の第3回目投票では、先住民であるカナク人が多くを占める独立派諸政党が、コロナ禍によって死者が急増していたことを理由に諮問の先送りを要求する想定外の事態へと発展した[2]。

　本論は、ニューカレドニアがどのように紛争から脱し、（1）いかにして「その後」の過程がおり合わされてきたのか説明を試みるとともに、（2）投票の役割に検討を加える。本稿は、第1に、次の政治行政アクターへの聞き取り、公文書閲覧（大統領府、首相府および内務）と先行研究によって歴史を跡づける[3]。聞き取りの対象は、元首相ミシェル・ロカール、元内務大臣ピエール・ジョッ

---

[1] 本論では、フランス語で"référendum"と記載されているとき「レファレンダム」と、"consultation"と記載されている場合は「諮問」との日本語をあてる。レファレンダムは、「ある政治的権威アクターが自治体市民全体に対して『別の権威が決定、あるいは決定を前提にしている措置』についての提案に関して諮問を行うプロセス」。フランスでは、厳密には、法的に住民投票と分けて考えられ、諮問は法的な決定を生み出さず、レファレンダムの結果は決定を拘束する。

[2] オセアニア研究者らが共同声明（「カナク服喪を尊重しレファレンダムを先送りしよう」（ル・モンド紙2021年11月23日掲載）を発表している。

[3] 先行研究には、国際関係におけるフランス南太平洋（Magudovic 2008）、ニューカレドニア史（Angelviel 2005, 2018; Barbançon 2019; Bensa 1990; Colombani 1999; Connel 1987; 江戸1994; Levallois 2018; Le Borgne 2005; Mathieu 1994; Merle et Muckle 2019）ミッテラン大統領期の南太平洋政策（Ragnault 2003; Gaillard 2010）のほか、チバウの評伝（Rollat 1989; Waddel 2008）

28

クス、元国務院判事アラン・クリスナハト、元海外領土担当長官ジョルジュ・ルモワン[Georges Lemoine 1932-]およびジャン＝ジャック・ケランヌ[Jean-Jack Queyranne 1945-]、ニューカレドニア北部長ポール・ネアウティン[Paul Néaoutyine 1951-]、合同議会長ロック・ワミタン[Roch Wamytan 1950-]、アラン・ロラなどである。第2に、投票が果たした役割に注目しつつニューカレドニア現代史を再構成する[4]。

　第1節で植民地化、第2節で1980年代の暴力的対立から紛争調停まで、第3節では和平調停に始まるマティニオン協定過程について説明し、第4節ではヌーメア協定および投票の役割に検討を加える。

2.1 調停に至る前史：植民地化

　ニューカレドニアの「発見者」はイギリス人ジェームズ・クックで1774年である。ロンドン宣教団が宣教に乗り出し、対抗して創設されたマリスト派協会は、ニューカレドニアには1843年に到達しイル・デ・パンに落ち着いた。英仏の対立激化のなか、1853年9月24日にフランスによってニューカレドニアの領有が宣言された。その後徒刑囚の流刑先となった。

　ニューカレドニアのフランスによる植民地化は、第1章で述べた通り暴力的なものだった。先住民であるカナク人に対しては、植民地社会における最下位の位置付けとし、土地を奪い、居留地に追いやり、1946年までことのほか抑圧的な体制である原地住民法の下に置いた[5]。外部から入ってきた人々は、徒刑囚、アジアからの移民労働者、貧しい白人層だったが、パイオニアの厳しさに直面した[6]。

及びインタビュー・発言集（Bensa et Wittersheim 1996; Kotra 2009, 2015）、制度（Agniel 1993; Christnacht 2003, 2004; Faberon et Agniel 2000; Bliek 2018：尾立2003）、独立をめぐる法制度研究（Urvoas 2017; Bélorgey et Bertrand 1994; Chauchat 2020）、ニッケル産業からみたニューカレドニア論（Pitoiset 2015）、カナク慣習（Lebèque 2018; Roche 2015）、ヌーメア協定の政治経済学研究（Bouard, Sourisseau, Geronimi, Blaise et Ro'i 2016）、多極共存型デモクラシー論としてのニューカレドニア現代史研究（David et Sourisseau 2016）と、レファレンダムを扱った論考（Brown 2019; David 2018）などがある。

[4] ニューカレドニアの概略、マティニオン協定およびヌーメア協定について次を参照。Alain Christnacht *La Nouvelle-Calédonie,* La documentation française, 2004.

[5] 植民地現地住民を対象とする特別行政体制。詳しくは、Isabelle Merle et Adrian Muckle *L'indigénat: genèses dans l'empire français.Pratiques en Nouvelle-Calédonie,* CNRS éditions, 2019.

[6] Isabelle Merle "Point de vue. « La Nouvelle-Calédonie face au défi de la décolonisation »", *Ouest-France* 03/10/2020.

　農作物導入は、コットン、サトウキビ、コーヒーと続いたが、ジュール・ガ
ルニエ[Jules Garnier: 1839-1904]がニッケル鉱を発見してのち1874年から鉱
物採掘が始まり、1880年から、近年までフランスにおけるニッケル採掘を独
占してきた企業ル・ニッケル社（Société Le Nickel：SLN）がニューカレドニ
アでニッケル採掘を始めている。農業に取って代わった採掘事業によって、
1887年に自由移民が開始された。二種類の移民の間の亀裂は、長く尾を引いた。
　カナク人は、1878年のアタイの乱で土地収奪に対して立ち上がったが、戦
争に負け、居留地への強制移動、居留地の移動・縮小が繰り返され、人口が激
減した。1946年、ニューカレドニアはフランス海外領となり、現地住民法が
終了、カナク人にはフランス国籍が与えられ、参政権は徐々に拡大していき、
1957年に普通選挙が実施された。しかし、この植民地化の過去は、戦後の改
革にも関わらず、大きな痕跡を残した。改革とは、海外領の地位と市民権の付
与および政治権の拡大（普通選挙の実施）で、これにはカナク人も含まれた。
　ニューカレドニアは世界第2のニッケル産出量で知られるが、経済・社会・
文化・土地の不平等は長く残り、人種隔離[7]、アルジェリアからの引揚者（ピエ・
ノワール）の1万人を超える規模での再入植を筆頭[8]に、ニッケル・ブームによ
る移民の到来の中で[9]植民地主義が長らえることになった。先住民のカナク人
口は60年代に増加傾向へと転じたが、数の上で少数派に転じた。このことは、
経済格差とともに、独立運動の火種ともなる（Angeleviel 2005:252; Le
Borgne 2005:570）。そして後述するとおり、1984-1988年の紛争の急激な発
展に、また対立の頂点である、19人の独立派カナク人と2名の軍関係者が亡
くなったウヴェア島の悲劇へとつながった。
　ニューカレドニアでは、行政関係者を始め、（遠隔地手当てを伴う）短期で

---

7 Jacques *Foccart Foccart parle. Entretiens avec Philippe Gallimard,* Fayard - Jeune Afrique - Paris
– 1995, p.256. Jacques Foccart *Tous les soirs avec de Gaulle,*Fayard, 1997 p.172.
8 アジュロンによると、1953年には、フランス人23,000人、ヴェトナム人4,000人、インドネシ
ア人5,000人、現地住民（メラネシア人）33,000人が居住していた。表1の通り、公式人口統計は
1967年からの数字を公表しているが、ヨーロッパ人が約41,000人と、約1万8千人増加している。
Charles Robert Ageron, « la Nouvelle Calédonie et son avenir incertain », *Histoire de la France
coloniale*, 1991 ; réédition : collection Pocket 1996. https://histoirecoloniale.net/la-Nouvelle-
Caledonie-et-son.html（2022年3月22日アクセス）
9 先進国からの最後の入植者植民地を目指していることに言及した1972年7月19日付けのフラン
ス首相メスメールから海外領土国務長官ドゥニオへの通達参照。Lettre du 19 juillet 1972, Pierre
Messmer, Premier ministre, écrit à son secrétaire d'État aux DOM-TOM.

滞在するヨーロッパ人が多数存在し、外国からの移民に加え、フランス南太平洋領であるワリス・エ・フトウナからの移住者が存在する。こうした人口流入を背景に、ニューカレドニアは、フランス海外領土のいずれとも異なり多民族社会であると同時に、長らく「ニューカレドニア・コミュニティ」は認識されていなかった。ニューカレドニアのそもそもの人口について具体的に知られているとはいえない（Lebèque 2018:23; Bensa 1990）。1980年代にはメラネシア人の先住民としての正統性を巡って議論された。この議論には、彼らの土地返還要求を相対化させる狙いがあった可能性がある（Christnacht 2004:16）。人口調査の項目に「カレドニア人」が加えられたのは2009年からである。

エスニック集団別人口

	1969	1976	1983	1989	1996	2009	2014	2019
Européens	41 268(41.0)	50 757(38.1)	53 974 (37.1)	55 985(33.6)	67 151(34.1)	71 721	73 200(27)	65 488
Indonesiens	1 809(1.8)	5 111(3.8)	5 319 (3.7)	5 191(3.2)	5 003 (2.5)	.**	3 859(1.4)	. ***
Mélanésiens	46 200(45.9)	55 598(41.7)	61 870(42.6)	73 598(44.8)	86 788(44.1)	99 078	104 958(39)	111 856
Ni-Vanuatu	-	1 060(0.8)	1 212(0.8)	1 683(1.0)	2 244(1.1)	.**	2 568(1.0)	-***
Tahitiens	3 367(3.3)	6 391(4.8)	5 570(3.8)	4 750(2.9)	5 171(2.6)	.**	5 608(2.1)	-***
Vietnamiens	109 (0.0)	1 943(1.5)	2 381(1.6)	2 461(1.5)	2 822(1.4)	.**	2 506(0.9)	-***
Wallisiens	6 219(6.2)	9 571(7.2)	12 174(8.4)	14 186(8.6)	17 763(9.0)	21 262	21 926(8.2)	22 520
Autres asiatiques	1 607(1.8)	2 812(2.1)	2 868(2.0)	642(0.4)	856(0.4)	.**	1 177(0.4)	-***
Autres/	1 607(1.8)	2 812(2.1)	-	6 577(4.0)	6 829(3.5)	.**	3 428(1.3)	-***
non déclaré					2 209(1.1)	15 044	26 531	20 299
多数共同体への帰属（2009年から）						-	23 007(8.6)	
カレドニア人（2009年から）						-	19 927(7.4)	****
total	100 579(100)	133 233(100)	145 368(100)	164 173(100)	196 836(100)	245,580	268 767(100)	271 407

＊INSEE/ISEE の資料をもとに作成　＊＊合算で 20,398　＊＊＊合算で 20 486

＊＊＊＊20 000 人以上の住民が帰属コミュニティを示さない、あるいはカレドニア人と答えている。30 800 人が混血と答えている。

　エスニック集団別人口構成は以下の通りである：

　地域の多様性は言語にも表れている。ニューカレドニアはフランス語を公用語とするが、カナク人の言語には28の地方語があり、また方言の存在が認められている。1980年代の改革によって、地域が8言語群区分（aires coutumières）に分けられ、区分ごとに、領土制度として慣習法部族による慣習法諮問会を構成している。1998年に調停されたヌーメア協定では、カナク言語は、フランス語と並んで教育の対象と定められている。

2.2 1980年代の紛争の深刻化

2.2.1 独立というカナク概念の誕生と独立運動体への引き金

　「『脱植民地化』はタブーだった」と、70年代から80年代にル・モンド記者としてフランス海外領土と極右を取材したロラは、暴力的対立のピーク時にニューカレドニアを担当した行政官ミッシェル・ルヴァロワ[Michel Levallois: 1934-2018]の近著(Levallois 2017)前書きで記している。英語圏植民地が次々に独立し主権国となった南太平洋にあって仏領のあり方は先住民にとって理解し難かった。

　カナク・アイデンティティの回復要求が高まるきっかけは、1975年に開催されたメラネシア2000である[10]。この文化フェスティバルをプロデュースしたのが、後に独立運動リーダーとなるジャン=マリ・チバウだった。独立運動が先鋭化するのは70年代[11]、1973年から多様な展開が始まる（Mathieu 1994:200; Bélorgey et Bertrand 1994:94）。1974年には「グループ1878」が1878年のメラネシア人蜂起から100年を迎えることにちなんで結成された。

　ニューカレドニアでメラネシア人の権利が認められていく過程において彼らの利益を代表した政党は、1953年に創設されたカレドニア・ユニオンだったが、領土への国の後見制を緩めた1976年12月28日法は執行機関である領土評議会の権限を強め、一方で比例代表制によって議員が選出され合議制で営まれる領土議会には自治派、独立派政党が乱立する状態ができ上がった。急変したのは1979年である。領土評議会が解散され、政党は選挙民の7.5%の支持がなければ活動できないという法律が本土議会を通過し、これを受けて三党（Rassemblement pour la Calédonie, Union Démocratique, Mouvement Libéral Calédonien）は、非独立を掲げる勢力の一本化を目指すジャック・ラフレールの呼びかけで、ゴーリスト政党カレドニア連合（Rassemblement Calédonien）を中心に共和国カレドニア連合となった[12]。このRPCRに対抗する形で、翌年に結成された連合が独立戦線（FI）である。FIには、UC、カナク自由党（PALICA）、カナク解放統一戦線（Front Uni de Libération Kanak: FULK）、カナキー社会党、

10 Misotte, Philippe and Jean-Marie Tjibaou *Kanaké : Mélanésiens de Nouvelle-Calédonie*, Edition du Pacifique, 1976.
11 *Regard sur l'actualité* no.144（septembre-octobre 1988）.
12 政党としては、本土における右派ゴーリスト政党UDR（Union Démocratique dans la République）からRPR（Rassemblement pour la République）への移行と連動した。

メラネシア進歩党が含まれた。領土議会選挙でFIは36議席のうち14議席を獲得した。1970年代半ばから、こうしてカナク（Kanak）を名乗るとはメラネシア人であることを肯定するだけでなく独立への指向を含むことになった（Margudvic 2008:144-145）。反独立派は、独立派の民族的同質性とは異なり、個々の理由からフランスとの繋がりを求める人たちからなり、経済・産業の主たる部分を構成しているヨーロッパ人、商工業に従事するアジア人、労働力を提供するアジア人やカナク人、少数の都会化したカナクエリートなどが含まれるが、ヨーロッパ人コミュニティの中にも、中心都市ヌーメアのカルドッシュ（ニューカレドニアのヨーロッパ系入植者子孫）、70年代の「豊かになろう」キャンペーンによる本土移住者、農業や酪農を営むブルサール[13]、アルジェリア独立後移住した急進的な右派が多いピエ・ノワール、カレドニア社会の政治、経済、富を支配している姻戚関係にある一握りのエリートファミリー、政府・軍・ビジネス関係者などの短期滞在者で行政などに大きな影響力を揮うフランス本国派遣者などが含まれる[14]。

　「独立は避けがたい」このように人々の目に最初に映ったのが、フランソワ・ミッテラン[François Mitterrand:1916-1996]の大統領就任であった。社会党は、70年代から共産党との共同綱領にてニューカレドニアは自決権を認めるべき領土と示しただけでなく、大統領選挙では、選挙協力と引き換えにミッテランが大統領となった暁には独立のための自決権投票を実施すると独立派の中心的政党であるUCに約束した。1981年9月、ヨーロッパ人のUC書記局長であるドゥクレルク[Pierre Declerq: 1938-1981]が暗殺された。この事件以降、列島に緊張が高まった。1982年6月の市長選挙における独立派の伸長を背景に、領土議会副長には独立派リーダーとなったチバウが就任した。初めてカナク人が執行機関の要職を占めることになった。

　状況が急変したのは1984年である。1984年9月にルモワン海外領土担当長官のイニシアティブで自治を拡大した政治的地位法律が議会を通過したが、前年に実施されたナインヴィル・レ・ロッシュ円卓会議の共同宣言にはあったカナク人の「生来かつ活性化する独立の権利（le droit inné et actif à l'indépendance）」

---

13 農業・酪農が営まれる平原がブルス（Brousse）と呼ばれることにちなんでいる。
14 江戸淳子「ニューカレドニアの脱植民地化の政治過程とその将来」『マタンギ・パシフィカ：太平洋島嶼国の政治・社会変動』444号、1994年

が尊重されず、むしろ、カナク人の間で「上から強制され」「カナク人が自らの国にいながら決定的にマイノリティとなり直接消滅の危機に晒されている」と受け止められ[15]、独立派はFLNKSを結成し、また運動の国際的な承認を目指すことになる[16]。

2.2.2 暴力的対立の激化

　独立派と反独立派の対立が激化するきっかけは、1984年11月の地方議会選挙である。

　投票日である11月18日に、中心都市ヌーメアから150kmほど離れたカナラで、一人のメラネシア人男性が振り下ろした斧で投票箱が叩き割られた。投票は、1984年に基づく、島の新地方制度に則る地方議員

投票箱を斧でわるマショロLouise Tamanatsu撮影

選挙だったが、投票に先立ち、中央政府は投票が「集団的ボイコット（boycotte actif）」の対象と知らされており、本土から16の憲兵中隊と機動隊員とを送り込みその数は2,000人に及んだ。

　棄権率50.05%を記録したこの蜂起とも取れるボイコットは、「一人一票」の多数決主義では要求が通らないことを問題視したカナク人たちによる選挙法改正要求と関係していた[17]。集団的ボイコットはFIの名で実施されたが、選挙後、団体は9月に結成されたFLNKSにとって代わられている。11月20日、ニッケルタウンとして知られるティオは、マショロの指揮のもと抵抗なしに占拠され、世帯ごとに住民から銃器が回収された。銃は、ヨーロッパ系住民のアイデンティティとも言えるものであった。ティオの占拠では、コミューン周辺に道路を遮

---

15 Congrès constitutive du FLNKS, Point1 de la Charte du FLNKS.マルグドヴィックの引用による（Mrgudovic 2008:145）。

16 国際社会、とりわけ国連に訴えに向かったと当時UC党員でチバウ領土議会副長の秘書を務めたコルト（Gerard Cortot）が証言している（2003年6月19日）。マルグドヴィックの引用による（Mrgudovic 2008:145）。

17 "Ouvéa : une tragédie coloniale", 04/11/2018 L'Humanité（https://www.humanite.fr/ouvea-une-tragedie-coloniale-654875, 2020年3月20日アクセス）

断するバリケードが敷かれたが、ラ・フォア、コネ、カナラ、イエンゲン、ポ
ネリウエン、ウェゴアと、同様の銃の回収が続いた。11月30日には、銃撃戦
があり独立派と反独立派のもみ合いの末、独立派1名、反独立派1名の2名が
死亡した。この時期にオーストラリア労働党のハイデン外相は、「ニューカレ
ドニアが南太平洋最後の植民地主義残存物の一つ」と宣言している。一連の事
態をフランスのテレビは蜂起として報じていた。ニューカレドニアではFLNKS
が12月1日にカナキー国暫定政府の樹立を宣言した一方で、11月18日の選挙
により誕生した新しい領土政府代表者は、承認のため本土へ向かった。12月5
日、独立派10人が襲われ殺された殺人事件—ティエンダニット事件のカナク
人犠牲者にはチバウの兄弟が2名含まれた—からさらにひと月後、1月9日に
は、チバウがカナキー国暫定政府大統領に就任した。1月11日、一人のカルドッ

シュの若者がメラネシア人に殺害され、
その夜ヌーメアでは怒ったヨーロッパ系
人らによる暴動が広がった。翌日には、
暫定政府治安相だったマショロが本土か
ら派遣された憲兵隊治安介入部隊（対テ
ロ作戦部隊: GIGN）に撃たれ死亡した[18]。
マショロは、ドゥクレルクのあとを継い
だUC書記局長であった。独立派は、道路
を遮断し、入植者の家に放火し、当時の
内務大臣ジョックスの指令で非武装が言
い渡されていた憲兵詰所を占拠していた。
テレビでは、ニューカレドニアでいくつ
ものバリケードが築かれたこと、暴力、
死者[19]について盛んに報じられた[20]。

ピエール・ジョックス氏。内務大臣、国防大臣
を歴任した。写真は憲法院判事の2006年面会時。

---

[18]暗殺の全容は明らかにされていない。マショロと最後まで行動をともにしたカナク人独立派 に
よる回想は次を参照。https://www.lemonde.fr/societe/article/2014/06/13/petite-histoire-du-
vieux-eloi-machoro_4438061_3224.html、2020年3月20日アクセス。
[19]ニューカレドニア独立問題における対立関係での殺人数は1989年までに61名に及んでいる。

2.2.3 中央政府、ミッテランからの調停の試みとその失敗

　1月15日、ミッテラン大統領はエリゼ宮大統領スタジオにて翌日ニューカレドニアに行くと発表し現地に赴き、政治アクターらと面会を重ねるとともに、軍事基地の建設に言及している。FLNKSを代表するチバウは22日パリに到着し、各党代表との面会を行い、国内外のメディアで発言を重ねていった。1985年1月23日、翌24日と、フランス国会では人口が25万人に満たない海外領土島の様子について矢継ぎ早の報告に、ファビウス[Laurent Fabius: 1946-]首相の発言が連なった（23/01/1985, *JORF（AN）*）[21]。海外領土をめぐり首相が発言する議事進行は異例である。緊急事態宣言の延長を目的とした審議は、2ヶ月前の出来事から脈絡をつけることから始まった。国会で、領土政府長となったディク・ウケイウェ[Dick Ukeiwé: 1928-2013]元老院議員が、フランス内での自治実現プランを公表しシラクを党首とする右派政党であるRPRから支持されている。南太平洋仏領での一連の出来事に関するテレビ映像から、本土フランスの人々は、独立運動の中心人物であるチバウ、マショロ、イェウェネ・イェウェネらの名前を知ることになった。人々の目には、フランスがコロニアルである（植民地支配を継続している）ことは一目瞭然であった。

　1月7日、高等弁務官エドガー・ピザニ[Edgar Pisani: 1918-2016]は緊急事態宣言を発するとともに、「独立-協同国関係（Indépendance-Association）」枠組みを発表した。「ニューカレドニアに憲法第88条による条件におけるフランスと協同関係にある独立国を創設すること」をレファレンダムにかけるというもので、自決権を行使する投票は7月以降に実施する予定となっていた。3年間領土に居住している住民が投票できる。「独立-協同国」案が受け入れられなかった場合には1984年9月6日の地位に戻し、逆の場合は1986年1月1日から独立が宣言される。枠組みは、独立派に好意的に迎えられた一方で、大統領の来島中には、25,000人規模の独立に反対するデモがヌーメアで実現している。結局、12月の来島から2ヶ月後にパリに戻ったピサニが提案した「独立-協同国」案に対して、RPCR、FLNKSとも受け入れなかった。ニューカレドニアの地位に関する次の案は、担当大臣となったピサニとファビウス首相の名を冠し

---

[20] 憲兵詰所を捜索し、関所を設けながら人質がとられる活動が続いた。セイミュール判事は、1800件の暴力行為（放火257件、物品・武器回収950件を含む）が記録されたとしている（Angleviel 2018：266）.
[21] フランス国民議会議事録より。

てファビウス-ピサニ地位と呼ばれたが、それに従って、執行体は領土政府から高等弁務官にとって代わられ、広範な権限とそれを支える財政基盤が与えられた4つの州が作られるとともに、各州には9名の議員からなる州議会が置かれ、領土合同議会を構成する。1985年9月29日の選挙に参加したFLNKSは4州のうち3州で多数派を獲得した。RPCRは南州の多数派と、合同議会の多数派を構成した。

2.2.4 高まる緊張

　1984年から88年にかけて、ニューカレドニアでは、政治的地位が4回定められた。それに反発する形でFLNKSが構成されたルモワン担当相のもと定められた1984年9月6日法の地位に続いて、前述した通り領土政府を廃止し準連邦制を準備したファビウス-ピサニ地位（1985年8月23日法による；4州を新設、1987年12月31日までに自決権投票を予定）が実施されたが、1986年3月の国政選挙では国民議会における多数派の逆転により、保革共存内閣となった。この時にできた右派内閣によって制度の方向性が変わった。それまでに整えられていたのとは別の政治的地位法案が提出されている。保革共存下で定められたポンス[Bernard Pons: 1926-2022]海外領土相による地位法（1986年7月17日法）では、ファビウス-ピサニ案の行政区画枠組みは残しながらも財政権限を筆頭に州の権限を大幅に小さくし、その一つであった土地改革については新設される国の組織である土地整備公社（Agence de Développement Rural et d'Aménagement Foncier: ADRAF）の管轄とした[22]。これが独立派を硬化させた。1986年7月16日法に則り1987年9月13日に独立をめぐってレファレンダムが強行されたが、三年の領土在住者全てに選挙権を認める投票人定義に抗議し独立派は再び投票棄権ボイコットを呼びかけ[23]、その結果棄権率は41%を記録した（有権者で投票した59%の98%はフランスに留まることを選んだ）。1988年1月には、さらに別の政治的地位法案が国民議会を通過し、法案の新しい行政区画分割ではRPCRが二つ目の州の多数派を取ることが目的とされていた。この地位に則る地方選挙は大統領選挙第一回目投票と同日で実施されることに

---

22 François Audigier, ʻUne politique imposé à François Mitterrand sous la cohabitation : « les statuts Pons » pour la Nouvelle-Calédonieʺ, in : Jean-Marc Regnault（sous la dir. de）*François Mitterrand et les territoires français du Pacifique（1981-1988）*, Les Indes savantes, 2003.
23 保革共存期、独立派が多数派の北部、島部には、予算が割り振られなかった。

なっており、FLNKSは改めて投票ボイコットを呼びかけている。

　FLNKSは、国際社会において支持を固めていった。ポリネシアの核実験に加えレインボーウォリアー号事件、広くはフランスによる南太平洋の軍事基地化は、南太平洋諸国とフランスの間に激しい緊張をもたらしていたが、保革共存期のポンス海外領土大臣による1986年からの投票過程を含むニューカレドニア政治には国際的な非難が集中した。サロモン諸島、パプアニューギニア、ヴァヌアツは、ポンス地位法案が国民議会を通過したところで、公式にFLNKSとニューカレドニアの独立を支持した。南太平洋フォーラムは、1986年8月11日には、ニューカレドニアが国連脱植民地委員会による脱植民地化領土として登録されるべきと宣言し国連に提訴している[24]。国連がニューカレドニアを脱植民地化国と認めたのはその年の12月2日であった（41/41A決議）。日本も決議に賛成している。FLNKSを支持しながら国際社会は、多数決に基づく一方的な決定過程、不公正と[25]、南太平洋におけるフランスの植民地主義に立つプレゼンスを非難した。

　この間、カナク人の多くが独立派、ヨーロッパ系人の多数は反独立派として対立を深め、緊張が高まるなか、保革共存期に、フランス、独立派、反独立派の関係が袋小路の対立となっていることを知らしめたのがウヴェア島人質事件である。4月22日、UCのカナク人青年が憲兵の詰所に押し入り人質をとってウヴェア島の洞窟に立てこもり、島の洞窟に捉えられた人質の解放を目的に送り込まれたのは、テロ対策特殊部隊GIGN（フランス国家憲兵隊治安介入部隊）、EPIGN（同パラシュート部隊）である。別途派遣された仏軍とともに300名もの配置による襲撃作戦「ヴィクトール（victor）」は海外領土担当大臣ポンスの直接指揮のもと実行された。大統領選挙の2回目投票を前にした選挙キャンペーンでニューカレドニア独立問題は争点にされるとともに[26]、洞窟があるゴサナ地区に仏軍が投入され流血の惨事（死者：カナク人19名、軍関係2名）

---

24 南太平洋フォーラムは、1999年にFLNKSを南太平洋フォーラムのオブザーバー国として認めている。
25 ヌーメア地方裁判所は、1986年10月29日にティエンダニット事件を引き起こした殺人者を含む9名を無罪釈放している。*Regard sur l'actualité* no,144, p.31
26 Philippe Legorjus *La Morale et l'Action, avec Jean-Michel Caradec'h*, Éditions Fixot, 1990.および次のインタビュー記事参照。https://www.lnc.nc/pays/186-interview/123697-philippe-legorjus-l-oui-des-kanak-ont-ete-executes-a-ouvea-r.html

となった。選挙の結果続投することになったミッテランは、ミッシェル・ロカールを首班に指名し、ロカールは本格的なニューカレドニア問題の調停に乗り出している。1988年6月、国民議会議員選挙後に首相に任命されたロカールは、宗教団体代表（カトリック、プロテスタント、フリーメイソン）および行政高官からなる対話使節をニューカレドニアに送り込み、関係各者との対話を通して障害と相違点を探り当て、コンセンサスを重視する解決提案を模索した。妥協点を探る調整が重ねられ、1988年6月25－26日と首相府での一泊二日に及ぶ行政、独立派、反独立派の交渉を実現し、マティニオン協定が署名された。交渉代表者は、国がロカール首相、独立派がチバウ、反独立派がラフレールである。

2.3 和平調停

　紛争とは、当事者がそれぞれの将来的な立場が両立しがたいと認識していて、かつ当事者双方がそのような両立不可能な立場を獲得しようと望んでいる競争的状況を指す[27]。1984年から88年5月までに頂点を極めた独立派と反独立派の対立は、紛争の名に値した。では、紛争は、どのように解決へと向かったのか？

2.3.1 マティニオン協定過程[28]

　大統領選挙の二回の投票の間に劇場化を伴った人質事件は暴力的対立の頂点であった。それはまた、植民地の歴史に由来する政治的な袋小路を象徴する事件となった。ミッテラン政権は、従来の政策の延長ではなく、過去と決別する独自の答えが必要であると認識した。レイプハルトが指摘するように、エスニック文化、宗教、言語などによる深刻な亀裂を伴う社会では、政治的要求には帰属がダイレクトに反映される。ニューカレドニアはまさにそのような状況にあった。1989年には、ウヴェア島事件との関わりで喪があけることを記念するためにウヴェア島を訪れたチバウが、独立派で次にのべる協定締結に反対であったカナク人のジュベリ・ウェア（Djubelly Wea）によって銃撃され死亡している。

　マティニオン協定では、ニューカレドニア・コミュニティは「集団の尊厳、

---

27 定義はケネス・ボールディングによる（『紛争解決学入門』2016, p.112）。
28 協定は一時的な取り決めではなく、その後のプロセスを規定したもので「過程」と呼ばれている。

人的および物的な統合において、数十年にわたる無理解と暴力にあまりにも苦しんだ」ことを認めた上で、次のように紛争状況を捉えている。「一方にとっては、調和したニューカレドニアへの進展実現はフランス共和国の制度枠組みにしかなく、他方にとっては、今の状況から脱するのは、主権と独立を肯定することからしかありえない。この相入れない信条の両者の対立は最近までほとんど内戦の状態にまで至った。」

　マティニオン協定で注目すべきことは、それまでありがちだった単なる対立の調停と違い、平和が継続するために経済・社会を変えるための長期にわたる多面的なプログラムを含んでいたことである。すべての人に対する国家の公平性、ニューカレドニアの直接統治（1年間）、10年間の平定期間、地域間格差是正、自決権を行使する投票を準備するための制度（地方統治）および措置、職業訓練、自決権を行使する投票の10年後の実施である。独立派、反独立派代表の両者は各支持母体でニューカレドニアの将来発展に関する首相提案を提示し合意を得ると約束した。直接統治期の統治組織として、4州を廃し、新たに3部（北部、南部、ロワイヨテ島部（以後島部と表す））置いた。グランドテール島を北部と南部に分け、南部には中心都市ヌーメア、移住者が多い産業化が進んだ地域が含まれる。連邦型組織（国、領土、部それぞれの権限を定める）を定めた。また、合同議会はコミューンの行政を統括し、北部、南部、島部の部議会議員からなる。慣習言語区からそれぞれ2名選ばれる代表による慣習法諮問会が制度化された。予算（期間は3年、次期は5年とする）の配分では、北部と島部に投資予算が重点的に配分された。南部1/4、北部と島部が両者で3/4、行政運営費は南部が2/5、北部と島部が両者で2/5、領土政府が1/5と決められた。自決権を行使する投票の選挙人定義としては、レファレンダムに票を投じるニューカレドニア市民とその子孫（成人）が領土の将来に関係する集団であるとして、1998年に未来を決定する投票の有権者とした。1988年投票から10年の居住を証明する市民に投票権が認められたのである。すなわち、その後の移住者は有権者から除外される。目玉とされたのは、400人幹部候補者の職業訓練（"400 cadres"）で、1989年から実施となる。

　準備されたこれらの内容の法文「マティニオン協定」は[29]、国会に諮られるのではなく、フランス全体の民意を問うレファレンダムにかけられた（1988年11月6日）。先述した紛争状態を認めたロカール首相による文言は、首相が大統領に宛てた手紙の形を取っている。この文は、ニューカレドニアのためのレファレンダムのために打たれた広報・広告に掲載され、広く伝えられた。投

票に訪れた人は法文を読んだ上で投票することとなっていた。レファレンダム
の質問は、「共和国大統領がフランス人民の判断に委ねる法案とニューカレド
ニアの自決権行使準備のための地位措置を承認しますか？」であった。結果は、
フランス全体では、投票率は低かったが、その中での賛成派は圧倒的であっ
た[30]。ニューカレドニアでは、賛成票が57.03%、反対票が42.97%（投票者数：
55,936名（有権者の63.37%））であった。ニューカレドニアでは、独立反対
派のRCPR、独立派のFLNKSがともに賛成のためのキャンペーンを展開してい
たが、実際には、カナク人が非常に高い比率で賛成に票を投じたのに対し、ヌー
メアで、とりわけヌーメアのヨーロッパ人の間では反対が多数であった。右派
RPRが棄権を促すキャンペーンを行なっていたため投票率は6割台にとどま
り[31]、結果は賛成多数となった。しかし、この投票によって、協定はフランス
全体の民意に支えられることになった。

2.3.2 マティニオン協定の適用

　1988年11月7日に公布されたレファレンダム法では、先述した長い、首相
から大統領に宛てた趣旨説明の手紙が添えられていて、その中では、「領土出
身であるメラネシア人コミュニティは脱植民地化との関わりでの不均衡の第一
の犠牲者であり、彼らが領土により一層の結束性を再付与するための実施措置
から主に恩恵を受けるべきである」と明記されている。この文言は、以後今日
まで続く積極的差別是正制度の基盤となっている[32]。また、ニューカレドニア
の当該者は1998年の1月から12月31日までに共和国における領土となるか独
立を達成するかについて自決権投票で意見を表明するべく招かれると記載され
ている（第2条）。国による直接統治を定めた第一文に加え、第二文の適用によっ
て、法律では、国家、領土、3部の権限、財政および平準化メカニズムを詳細
に示すとともに、農村開発および土地整備公社ADRAFを公的法人へと移行さ
せ[33]、カナク文化発展局（Agence de developpement culturel canaque）[34]設立
と慣習法諮問会の制度化を定めている。合わせて、恩赦法が実施された。対立

---

[29] 1988年8月に、FLNKS代表のチバウおよびRCPRを代表してウケイエ次いでラフレールとの間で、
交渉により法文にまとめられた（正式にはマティニオン·ウディノ協定と呼ばれる）。
[30] 賛成票が79.99%、反対票が20.01%、投票者数14,028,705名（有権者の38.89%）であった。
[31] 世論調査では63%であった（Christnacht 2004:59）。
[32] Loi n° 88-1028 du 9 novembre 1988 portant dispositions statutaires et préparatoires à
l'autodétermination de la Nouvelle-Calédonie en 1998

状況での「加害を行なった犯罪者」へは、(議会が決定する) 特赦が認められた。唯一明記されなかったのは、自決権投票のための選挙人定義である。

　マティニオン協定の適用は、当初は簡単ではなかった。6年の混乱と長年にわたる対話不在の状態から、パリでの調停内容が現地で受け入れられるはずがなかった。ヨーロッパ人の間では、レファレンダムの結果は、上述した通りひどいものだった。独立派側でも、説得は簡単ではなく、FLNKSから離反が相次いでいる。1989年3月の市議会選挙では、極右への支持が伸びたものの、RPCRは1コミューン、FLNKSは2コミューンで辛うじて多数派を確保したが、協定署名者でもあったマレ島部族長の独立派リーダーであるネスリーヌらがFLNKSから離れ後にはRPCRと結託した。さらに、ネスリーヌらは、USTKEとともに、5月4日にチバウとイェウェネを殺害するウェアらと一緒に反植民地主義者委員会を結成するなど、亀裂は深まった。二人の独立派リーダーの殺害ののち、チバウとイェウェネの後継者はなかなか決まらず、結局、UCリーダーのビュルクを抑えてチバウの側近だったポール・ネアウティン (PALIKA) がFLNKS代表に選ばれている。

　しかし、1989年6月11日の地方選挙では、RCPRとFLNKSの支持が伸び、それは、マティニオン協定が信用されたことを表していた。チバウ、イェウェネに次ぐ独立派リーダーナンバー3のレオポール・ジョレディエ[Léopold Jorédié: 1947-2013] (FLNKS-UC) が北部長に、リシャール・カオリ (FLNKS-UC) が島部長に、ラフレールが南部長に、また合同議会議長には反独立派カナク人であるシモン・ルイコット[Simon Loueckhote: 1957-] (RPCR) が選ばれている。当選挙をもって、フランス政府による1年の直接統治体制が領土自治にとって代わられた。

マティニオン協定の評価について、最も長くカレドニア問題に携わった行政官であるクリスナハトは「堅調であった」としている。その理由として、第一に、カナク人のひとつの世代が部統治に関わったこと、第二に、インフラ投資および教育機関と診療所・病院の設立、電化を含むグランドテール内部および島部

---

33 慣習法に基づく土地返還要求については、1982年に、クランごとの要求を満たしつつも普通法に則って土地返還事業を行う地域特別法集団 (Groupement de droit particulier local: GDPL) を制度化し、以後、譲渡が実施されていたが (Christnacht 2004:52)、ポンス法の元でADRAFに変換され、土地変換事業も慣習部族へではなく個人に対して土地が譲り渡される仕組みになっていた。
34 今日では"Agence de developpement culturel kanak" (ADCK) と表記されている。

42

の平準化が促進されたことを挙げている（Christnacht 2004:61）。マティニオン協定過程では、その一方で、フランス各地の知事、代表者が集まり達成状況、問題点を確認する継続委員会（Comité de suivie）が開始された。

今日から見ると、マティニオン協定によって代表性が整えられたことがヌーメア協定まで続く協定過程の成功を導いていることが伺える。

1998年に締結されたヌーメア協定は成功であると言われるが、その理由の一つは[35]、このマティニオン協定の締結時に準備された仕組みと関係している。

一つ目のポイントは、利益の表出と関係している。政党は、社会に発生する紛争を政治問題として提示する機能を帯びるが、マティニオン協定過程では、首相がイニシアティブをとる和平調停の締結を介して、領土を二分した勢力であったFLNKSが独立賛成派、RCPRが独立反対派の各々住民利益を表出する機関と認められている。利益の表出は、行政区画の領域策定を通じても細かく調整された。行政区画を分ける線引きである南部と北部・島部の分岐ラインによって、カナク人が多数派を形成することができる行政区画（北部、島部）と、カナク人以外が多数派を形成することができる行政区画とに分けられた。エスニック集団としてのアイデンティティには、歴史的に作られた社会集団としての要求が関係している。第2に、マティニオン協定は、北部、南部、島部を広範な自治権限が与えられた準連邦型の地方制度とし、国は仲裁人となって統治特権の多くは地方制度へ移され、権力を分有したことが、それ以前とは一線を画した（David et Sourisseau 2016:31）。領土次元では、各部議員からなる合同議会が置かれ、とりわけ予算を決定する。11月9日法で設立された社会を代表する経済社会委員会へは、北部・南部・島部による提案をめぐり、諮問の機能が与えられている。また慣習法諮問会が制度化され、慣習と各地域のやり方を重んじる言語慣習区分からの代表選出方法が制度として承認された。第3のポイントとして、法律では、自決をめぐるレファレンダムについて1988年に領土に居住している者とその子孫を有権者とし10年後の1998年に実施するとして独立問題をいったん棚上げし、カナク文化科学技術事務所にとってかわるカナク文化発展局の設立によって[36]、メラネシア文化が国により承認された。各部の分岐線は、協定交渉時にチバウとラフレールがひいた線引きに由来して

---

[35] 現北部長ネアウティンへのインタビューより。
[36] チバウの要請により、国、FLNKS、RPCRのパートナー関係のもと設立された。

いるが、以後、見直しが持ち上がらなかったことからもわかる通り、マティニオン協定に伴って定められた制度は、少なくとも多数決を疑い独立運動へと向かった人々から理解が得られたといえよう。

　北部・南部・島部の制度化は、平準化を急ピッチで進めるための国土開発枠組みだった。権限に付随する財政手段としては、先述した通り、開発予算は、北部・島部に対して優先的に配分され、国と各部との計画契約では、国が半分を支出し、開発戦略については各部が定めた。

　加えて、1989年1月22日法では、3つの部公共企業体が創設されている。各部の優先経済方向性を支える仕組みである。南部開発会社（PROMOSUD）、北部融資投資会社（SOFINOR）、ロワイヨテ諸島開発投資会社（SODIL）の3社である[37]。部は、各社の資本の68-80%を保有する。また、内陸部と島部に対する企業企画に対して融資を行うカレドニア政策金融公庫（ICP）[38]に出資しているが、ICPからも3社に融資を行う。企業が行う重要な事業に対して融資を行うことができる。1998年には、マティニオン協定で予定されていた自決権を行使するレファレンダムが実施される代わりに、実際には、もう一つの協定（ヌーメア協定）が結ばれることになったが、その交渉の過程で、次に述べるように、経済における平準化に大きな役割を果たす南太平洋鉱業公社（SMSP）を北部の公共企業体SOFINORが購入している。

2.3.3 平準化とニッケル問題

　ミッテランが大統領候補として全国で配布した「フランス人への手紙」では、ニューカレドニアにもパラグラフが割かれていたが、そこでは、カナク人の学士保持者は1962年までいないこと、カナク人の医者・技術者はわずかで、学校教師は800人強の全体のうち36名、1000人ほどの上級公務員のうちカナク人は6名のみであることが指摘されていた。平準化を謳うとしたら、人材育成を避けて通ることはできない。新しい領土制度では、カナク人が北部・島部ガバナンスに責任を帯び関わった。人口の半分が集中する大ヌーメア（Grand Nouméa）と残りの北部・島部間の平準化には、道路敷設、とりわけ人々の往

---

[37] それぞれ原語はSociété de développement de la province Sud、Société de financement et d'investissement de la province Nord、Société de développement et d'investissement de la province Iles Loyautéである。
[38] 原語はInstitut calédonien de participationである。

来を活性化するためのグランド・テールの東西を貫くコネティワカ道の建設、北部の農村地域の開発があった。学校設備、診療所・病院の建設、電気敷設が進み、北部・島部に企業が設立された。カナク人の強制移住によって入植者が取得した土地の返還が急ピッチで進んだ[39]。400人幹部養成企画では、多くの司法関係者と若干の技術者、パイロットが生まれた。人々の意識は徐々に変わっていった。多民族からなるニューカレドニアという観念が受け入れられ、21世紀に入ってもはやヨーロッパ人はカナク人が責任ある地位を占めることに驚かなくなった（Christnacht 2004:62）。

　ニッケル産業の再編についても触れておく。ニッケル産業は、北部にも鉱山はあるが主にヌーメア近郊のル・ニッケル社のドニアンボ精錬所による南部の産業であった。ル・ニッケル社は、長らくロスチャイルド社が保有していたが、1970年代には、フランスの国営原油企業エルフ・アキテーヌ（現トタル）が折半出資とし残りの権益50％を所有する母体が社名をイメタルに変更し、ル・ニッケル社は子会社化（Société Métallurgique Le Nickel-SLN：ル・ニッケル-SLN）した。1980年代に入り組織再編が行われ、フランス国営企業であるERAPがル・ニッケル社の株式70％を取得することにより、ル・ニッケル社の主要株主であったイメタルとエルフ・アキテーヌは残りの30％の権益を所有することとなる。この組織変更によりル・ニッケル社の親会社としてEramet-SLNが設立され、国営化された。Eramet（エラメット）はフランスの資源大手であり、世界最大級ニッケル、マンガン生産企業で、同社によるとニッケル生産量は世界6位である。1994年に上場し国はERAPを介して株式の55％のみ保持することとなった。

　1990年には、北部のニッケル鉱業のための取り組みが実施されている。SOFINORは、反独立派リーダーのラフレールが北部に所有していたニッケル鉱山会社であるSMSPを18億パシフィック・フランで購入した[40]。最高執行責任者はアンドレ・ダン[André Dang: 1936-]で、チバウの友人であるヴェトナ

---

[39] 1970年代から1998年にかけての個人へではなくクランへの土地返還問題については次を参照。A.Christnacht, op.cit. pp.46-52.

[40] ラフレールは、SMSPの提供について、「黒人と白人の間の平等を作ろうとした」と表現している（Kotra 2009: 31）。FLNKS側へは、ネアウティンによると「国から1989年10月に打診があった」。Paul Néaoutyine L'indépendance au présent : Identité kanak et destin commun, Syllepse,2006, p.158-159. 1パシフィック・フランはおよそ1.04円（2020年10月1日のレートより）。

ム系資本家である。購入は、マティニオン協定でクランドテール内陸部、島部
に企業創出を支えるため創設されたカレドニア政策融資金庫の出資によって、
すなわち、国からの大きな資本移転を背景に実現した。買収交渉は2年間続け
られ、保有鉱山が少ないことからオウアコ、ナカティ、ポヤ、ボアケンなど、
追加の買収を余儀なくされた上、ル・ニッケル社から信託を受け開発せざるを
得なかった[41]。マティニオン協定を背景に、カナク人らがニッケル産業に企業
家として携わるきっかけが作られた。やがて、400人幹部養成企画の職業訓練
を終えた人材が適所に配されることになる。SMSPは、ニューカレドニアで最
もニッケルを輸出するようになった。SMSPの操業は、SOFINORに支えられ、
下請け中小企業を作り出すことにもつながった。

　ただし、SMSPの鉱脈は貧弱だった。精錬工場も南部にしかなく、北部で採掘、
南部で精錬と分業となっていて、利益率の高い部分が南部に集まっていた。

　しかし、SMSPは、1995年から開始され頓挫し、そして1996年から再開さ
れた交渉では独立派が、別の鉱脈と交換することを働きかけた。国からの補助
があることが前提であるこの「前提」交渉では、1997年には、独立派が、
SLNと国の鉱業会社であるERAMETに対して、新しい協定を結ぶに当たっては
鉱脈の交換が必須であると示し、また各地でデモを実施した。1997年4月に
議会の多数派が社会党へと転じたことによって首相となったジョスパンは、北
部コニアンボ鉱山の取得プロジェクトを支持した。これは、ジョスパンが長年
ニューカレドニア問題に携わりヌーメア協定の交渉に当たったクリスナハトの
示唆に応じたもので、二つの鉱山の差額（152,449,020ユーロ）について国が
支払うことを承諾し、産業経財相を巻き込むベルシー協定が締結された。協定
が結ばれたことで、北部のための地理的な平準化として、大きな産業政策が実
現することになった。また、金属精錬業を南部に、採掘を北部にと割り振る
ニューカレドニアの鉱業分業の状況を打破すべく、SMSPは北部への精錬会社
建設を持ちかけたカナダのファルコンブリッジとパートナー契約を結んだ。こ
の契約に従い21億ユーロをかけた北部の精錬工場が2014年に実現している
（Pitoiset 2015:69）。

　以上、簡単にまとめると、紛争から脱するために取られた取り組みには、
10年間の平定期間を置き、その間、政治的地位問題を棚上げした。その間に、

41 SMSPへのダヴィッドとソウリソによるインタビューより（David et Sourriseau 2015:35）。

地方団体別の広範な自治権限の行使、クランへの土地返還、文化的アイデンティティの承認があった。行政区画を変更し、カナク人が多数の地域ではカナク人が多数派を形成できるようにし、部制度によって、権力分有が実現したことが平和的共存の肝となっている（David et Sourisseau 2016:31）。部は平準化の単位となっていたが、鉱山と金属精錬業は平準化の戦略軸として浮上した。独立派、反独立派がSLNによるニッケル産業の独占の終了に合意したことは、領土の力関係が再編される重要な契機となった。植民地主義に立つ経済・移民政策が実施されていた1970年代までに作り出された歪みを正すための平準化が、独立をめぐる投票の実施より優先された。平準化が部単位で実施されたことは、マティニオン協定まで政治的地位改変が繰り返された状態から脱して、経済開発のための10年が実現することにつながった。

2.4 ヌーメア協定と投票の役割をめぐる考察

　マティニオン協定による脱植民地化過程では、その随所に投票が設定され、合意を形成することになっている。独立をめぐるレファレンダムは10年後の1998年に行うことになっているが、反独立派のラフレールは、1991年から、それが、80年代の対立の再発につながると危惧し、対話によるコンセンサスを目指すことを提案していた。ただし、自身の南部長および合同議会議長としての権力維持の視点もなかったわけではない。独立派、政府は、当初驚いたが、マティニオン協定過程の最後を諮問によって迎える代わりに妥協、すなわち、独立派、反独立派の間で別の形を発明するという考えに同調し、1995年からマティニオン協定後に向けて交渉を始めている。しかし、そのことは、協定後について、コンセンサスが簡単であったことを意味するわけではない。

　ヌーメア協定の交渉で取り扱われたのは、主権分有、権限委譲手続きと、前文の表現であるが、ヌーメア協定前文で「過去は植民地主義であり、現在は共有である」と書かれている。前文は、ワミタンが言語化を求めたもので、ラフレールが応じた[42]。前文は、植民地主義の過去、紛争の当事者となるニューカレドニアを構成するそれぞれのエスニック集団の来歴、植民地主義がカナク集団にもたらした衝撃、後悔と和解を訴え「共通の運命」へと向かう必要性が説

---

[42] ヌーメア協定締結に関わった行政官であり2018年諮問の時点で高等弁務官だったティエリー・ラタスト[Thierry Lataste: 1954-]へのインタビューより（2019年9月25日、パリにて）。

かれた、それまで言葉に表現されてこなかった事柄を明示したテキストで、植民地化以降のニューカレドニアの歴史と協定過程時点での認識を両派および関係アクターが共有するという意義があった。その上で、具体的な制度や分配について主文で記述している。聞き取りを行ったいずれの政治アクターも重要性を認めており、憲法前文の役割を果たす意義が見出されている（ラタスト、2019年9月25日パリにて）。加えて、「前提」としてニッケル鉱脈交換問題が扱われ、上に見たような合意に達していた。当初は、マティニオン協定後の政治的地位を巡って意見がかみ合わず交渉が難航した。ラフレールは、最終的な地位についての交渉を長引かせようとし、これに異を唱えるFLNKSと反独立派の離脱者が合流し、この提案には合意せず、交渉は容易なものではなかった。だが、こうしてでき上がったヌーメア協定では、画期的とも言うべき合意形成フレームとプロセスが整えられたということができる。

　ヌーメア協定の骨格をなすのは、ニューカレドニア市民権、カナク・アイデンティティの承認、「主権分有」に基づく統治、国から領土への漸進的権限委譲と積極的差別是正措置である。合同議会に大きな決定権限を与えられ、合同議会を構成する部議員選挙はニューカレドニア居住開始がヌーメア協定締結レファレンダム後の有権者に制限されている（3章参照）。ヌーメア協定を批准するレファレンダムが1998年11月8日に実施され、有権者の78.86%が賛成に、28.14%が反対に票を投じた（投票率78%）[43]。20年に渡る過程では、新たな権限の委譲について、合同議会で審議が行われ、またパリで開催される協定署名人委員会では、地域で問題が持ち上がるごとに、ステークホルダーが集められ話し合いが続けられた。「自治」の枠組みは、それを扱う代表者が部議会選挙を経て決定された上で、次に漸進的権限委譲が熟議を伴い決定され、この過程が制度を形作った。標語（「言葉の地、共有の地」）、紙幣の絵柄、「国歌（「一つになろう、兄弟になろう」）」は決まったが、象徴である旗と国名については合意に至っていない[44]。独立をめぐる決定は次のように規定された。ヌーメア協定過程の最終段階では、「司法、国防、治安維持、通貨」の権限委譲を巡って、

---

43 Légifranceより。https://www.legifrance.gouv.fr/jorf/id/JORFTEXT000000574796（2022年3月20日アクセス）
44 フィヨン[François Fillon: 1954-]首相は、2010年7月17日にニューカレドニアを公式訪問した際に高等弁務官邸前にフランス国旗である三色旗と独立派カナキーの5色旗を掲げたが、国旗はなお議論の対象となっている。

住民投票が3回行われる。3回とも、次の質問に答える：「あなたはニューカ
レドニアが完全な主権を達成し独立となることを求めますか」。ヌーメア協定
に従って漸次権限移譲を重ねて作り出された現在の自治制度に対して、独立派
は「フランスとのパートナー関係」にある主権国ニューカレドニアを、独立反
対派は現状維持を提案してきた。

　1980年代の暴力的対立を甚だしいものにした要因の一つは、1987年に実施
されたレファレンダムであった。FLNKSのもとまとまった多くはカナク人から
なる住民は、集団的投票ボイコットの形で独立を求める集団の存在を知らしめ
るとともに、彼らを代表したチバウは、国の内外に対して、そこがカナクの国
であると主張して憚らなかった。移住者を含む一人一票のレファレンダムは、
受け入れがたいものであった。それは、植民地支配の結果、カナク人が少数派
に転落した不当な現状を追認することにしかならないからである。しかしカナ
ク人らは、ナインヴィル=レ=ロッシュ円卓会議宣言に示される通り、有権者
から単純に移住者を排除するという考えは示さなかった。

　「段階を重ねる脱植民地化」において、ニューカレドニアには、「ヌーメア
協定前文と協定が発効した1998年5月5日に開館したチバウ文化センターとい
う二つのシンボルがあり、カナク人が中心にあることの承認は様々な形で表明
されている」[45]。フランス共和国において、フランス市民と分けてニューカレ
ドニア市民権が定義され、20年
に渡る権限委譲によって、フラ
ンスと「協力国関係にある国家、
あるいは連邦制にある国家」（元
法務大臣ユルヴォア[Jean-
Jacques Urroas: 1959-]の見解）[46]
へと向かう準備ができ上がり、
多極共存型デモクラシーに立つ
制度は本土フランス、海外フラ

ヌーメア協定を準備したジャン=ジャック・ケランヌ元海外
領土担当長官。リヨンのご自宅にて。

[45] ヌーメア協定締結時の海外領土長官だったジャン＝ジャック・ケランヌへのインタビューより
（2019年7月12日、リヨンにて）。
[46] Jean-Jacques Urvoas *Etat associé ou état fédéré?: des pistes pour l'avenir institutionnel de la
Nouvelle-Calédonie*, Les notes de club des juristes, 2017.

ンスのどこにもない独自な仕組みである。

　このように、ヌーメア協定は、交渉と協議を重ねた取り組みであるが、どのように、そしてどこまで住民の合意は形成されたのであろうか。予定された3回のうち最初の２回の住民投票では、明確な意見の違いが表明されている。

　北部と島部では独立賛成派が圧倒的多数をとったコミューンが続出した。独立賛成は、軒並み80％を超え、チバウが市長だったイエンゲンでは賛成がそれぞれ94％、96％だった。2018年11月4日に実施された第一回目の投票では、有権者141,099人のうち独立反対派の得票率が56.4％、独立に賛成を投じた有権者は43.6％だった（投票率：80.63％）。これは、当初、反独立派が80％を超える得票を実現するとメディアが報じた予測に反する結果である。投票に合わせて実施された調査では、学歴が高いカナク人ほど独立に賛成を投じている[47]。地域に目を転じると、１回目、２回目とも全体で33あるコミューンのうち、21のコミューンで賛成が多数を占め、内訳は、ロワイヨテ諸島の３コミューン、カナク人が多数派を占める北部の14のコミューンと南部の４コミューンである。反対が多数を占めたのは、北部の２つのコミューン、南部の10のコミューンである[48]。第2回目の投票は、冒頭で示した通り僅差であった。ヌーメアでは反対が80％から76％に減った。ところで、第3回目の投票では、パンデミックの影響による服喪を優先すべきとする投票先送りの意見が支持され、住民投票結果そのものに正統性があるかどうかを疑問視する意見もでる事態となった[49]。

　この後は、投票結果を受けヌーメア協定後の協定に関する話し合いが持たれ、協議をへて合意された政治制度に関して18ヶ月後にレファレンダムが行われる予定であった。結果が必ずしも決定に反映されるわけではない住民投票と異なり、レファレンダムでは人民は法文の採用を決定する。

　種々の施策によってカナク人をなだめすかしてフランスへの帰属に同意させ

---

[47] パリ政治学院CEVIPOFによる調査より。https://la1ere.francetvinfo.fr/nouvellecaledonie/referendum-2018-2020-l-electorat-caledonien-etudie-a-la-loupe-par-le-cevipof-873142.html（2022年2月28日アクセス）

[48] 高等弁務官による報告に基づく。

[49] 「ニューカレドニア：独立派はnonの勝利後、自決権のレファレンダムの『正統性を認めない』」（*France-info-AFP*, 2021/12/13）https://www.francetvinfo.fr/politique/referendum-en-nouvelle-caledonie/nouvelle-caledonie-les-independantistes-ne-reconnaissent-pas-la-legitimite-du-referendum-d-autodetermination-apres-la-victoire-du-non_4879445.html（2022年3月10日アクセス）

ることが協定の狙いであったとすれば、それは成功したとは言えない。2020
年同様に、2018年の諮問が平穏裏に行われたことは、協定の成功と言えるが、
同時に、全体では独立反対票が上回ったとはいえ、ヨーロッパ系人が多く住む
南部では独立反対が多数を占め（73.71%）、カナク人居住地域では多数（北部
75.83%、島部62.18%）が独立賛成であった。繰り返すが、第2回目の投票では、
さらに賛成票と反対票の差が縮まって10,000を切った。ニューカレドニアの
社会は分断されたままなのである。この事実からは、二択の投票による決定方
法そのものが分断の種をまくと考えた方がわかりやすい。

　ここで、1988年当時に戻って考えてみよう。マティニオン協定ではっきり
していたことは、カナク人が不利な立場に置かれていたこと、少数派だったこ
とである。それはラフレールから見ても明らかだった。マティニオン協定、ヌー
メア協定によって協定上は決着がついたが、カナク人の心をフランスに止まる
意見へと変えるほどの効果はなかった。1982年10月の閣議では、ミッテラン
大統領がニューカレドニアをローデシアにたとえていた。側近のジョックスは
著作でチバウがカナク人は殲滅させられると発言していたと記している[50]。そ
こからは改善が図られた。各エスニック集団の由来が投票行動を裏付けるとし
たら、移住者が増加しカナク人の絶対多数状況が実現していない歴史的背景か
ら、レファレンダムによる「独立」の是非を問うことは筋道の立て方としては
整合性があっても、社会が分断されたままであることが露呈する契機となって
いる。ところで、3回の住民投票で、フランスと協力関係にあるアソシエイト・
ステイツや連邦制国家について問うといった選択肢もありえたはずである[51]。

　合意形成の仕組みに目を転じると、投票と投票人の定義を繰り返し、いわば
投票と諮問のガバナンスを徹底して追求しながら事実として形成されてきた点
が注目に値する。憲法院、国務院といったフランス司法制度は、数の上でマイ
ノリティとなったカナク集団を、共和国の構成要素として守る役割を担い、共
和制が担保されている。

　ふたつの協定過程を経て、ニューカレドニアの独立をめぐる政治過程では、
政府そして執行機関の応答性が問われた状態から、機能するプロセスへの組み

[50] Pierre Joxe *Pourquoi Mitterrand?* Grasset, 2006.
[51] Jean Courtial et Ferdinand Mélin-Soucramanien, *Rapport au Premier Ministre: Réflexions sur l'avenir institutionnel de la Nouvelle-Calédonie*, La documentation française, 2014.

替えは実現したと結論すべきである。この周辺からの共和主義は、アルジェリ
ア戦争―今日「真実和解委員会」が構成されている―後の、合意形成による脱
植民地化の発展を促している。

第3章

紛争とジャン＝マリ・チバウ

はじめに

　亡くなった父親がかつて語った思い出の島を探して、18才の少女は南太平洋へと旅立つ。多くの日本人にとって戦争以来記憶の彼方にあったニューカレドニアは、1984年、同名小説からの映画化による大ヒット邦画作品『天国に一番近い島』（大林宣彦監督、原田知世主演、森村桂原作、角川映画）を通して装いを新たにした。映画は、南島に二、三世となって生きる邦人移民と日本からの来訪者の出会いの物語であるが、出演者とウヴェア島の部族長らとの交流が、カナク文化の姿を伝えるダンスと共にフィルムに焼き付けられている。青い海とゆったりした島のリズムは誘う。このウヴェア島が惨劇の舞台となるのは1988年4月22日、国連総会で脱植民地化国リストへのニューカレドニアの登録決議があがった翌年であった。独立運動グループによる憲兵詰め所の襲撃から仏軍出動へと事態が発展した「ウヴェア島洞窟事件」である。それから、四半世紀が過ぎようとしている。

　1980年代に、ニューカレドニア独立をめぐって繰り返されるテロ行為、ポリネシアでの核実験は、フランスに対するオーストラリア、ニュージーランドなど周辺国の強い反発を招いた。「南太平洋におけるフランス」に対する批判は、1985年のレインボー・ウォリア号事件を契機に、国際的な反核運動とも呼応して一気に高まった[1]。フランスでニューカレドニアのカナク人による独立要求が注目を集めるようになったのは、1984年11月以降、FLNKSがメディアに取り上げられてからである。1988年にウヴェア島を舞台に14日間にわたって続いた人質事件では、仏軍導入に加え、暗殺による犠牲者が25人にのぼった。しかも、共和国が自国領内で始めた戦争が[2]、大統領選の二回の投票の間にフランス中で報じられる中でニューカレドニア植民地統治が争点にされるこれま

---

[1]　1985年にフランス情報局（DGSE）によって反核実験のためのグリーンピース船レインボー・ウォリアー号がニュージーランドで停泊中に沈められた事件。

[2]　Edwy Plénel et Alain Rollat, *Mourir à Ouvéa. Le tournant calédonien*, La découverte/Le Monde, 1988, p.8

54

でにない事態へと進展していた[3]。

　今日、「出来事」の後に生まれた世代が選挙権を持ち仕事に就き始めた。本章では、ジャン＝マリ・チバウにフォーカスして紛争の横顔をとらえる。列島はどこに向かっているのだろうか。

3.1　ヌーメア協定とカナク人

　2010年10月、ニューヨークで開催された国連の脱植民地化委員会では、ニューカレドニアを脱植民地化国リストに登録したまま新たな植民地主義撲滅のための10年が定められた[4]。1998年にフランスとの関係、独立までのプロセスと権限委譲手続き、ニューカレドニア市民権などを定めたヌーメア協定は、国連を含む幅広い政治アクターから成功と受け止められている[5]。これが準備されたのは、海外領土に関する対外政策が公開・透明化に向かった1989年と、先立つ独立派・反独立派間の対決激化への和平調停であるマティニオン協定とされるが、起源をたどっていくと、ひとつの答えとしては、1983年にジャン＝マリ・チバウを軸に実現したナイン・ヴィル・レ・ロッシュ会議の成果にいきつく。「先住民としてのカナク人」が承認された1983年7月のナインヴィル・レ・ロッシュ円卓会議では、ニューカレドニアにおける二つの正統性の根幹をなす「植民地であること」と「独立の権利」が認められた。1988年6月の協定では、直接統治と格差是正措置、人材育成に加え、独立問題については10年間の凍結期間をおいて扱うことが定められた。しかし、原則が政治アクター間で相互に承認されても、財の再配分に形を与えるプロセスは別である。

　今日、ニューカレドニアはフランスの地方団体の中ではもっとも自治の領域が広く定義されている。地方制度は、北部、南部、島部と、本土同様のコミューン（「市」に相当する）がある。フランス市民として、大統領、EU議会議員、国会議員、市議会議員を選出する。地方制度は準連邦制となっており、選出された北部・南部・島部議会議員は、慣習法元老院と合同議会を構成し、領土政

3　ウヴェア島事件、ヴィクトール作戦の当時のテレビ報道は国立視聴覚研究所（INA）で公開されている。
4　2011年6月の脱植民地化特別委員会によるニューカレドニア問題への決議他は次を参照。http://www.un.org/News/Press/docs/2011/gacol3226.doc.htm
5　ヌーメアで開催された国連脱植民地委員会太平洋地域セミナーでは、24ヶ国委員会議長ドナトゥス・サンテメは、ニューカレドニアの「脱植民地化」過程はおおむね順調であるとコメントした。

府が形成される。

　ニューカレドニアにおけるカナク人の占める特別な位置づけを憲法的に承認したのは、ヌーメア協定である。ヌーメア協定では、集団のアイデンティティ（標語、国歌、国旗）の決定に際してもカナク・アイデンティティが考慮され、主権は分有される。司法、公的秩序維持、通貨、国防、外交といった権限について2014年以降に合同議会で協議し、独立までの過程をフランスからニューカレドニアへの段階的権限委譲手続きとして定めた。ヌーメア協定の前文でカナク・アイデンティティが歴史的に否定されてきたことは認められ、これが、独自市民権、主権分有が定義される足場を提供している。

　複数のエスニック集団からなる共同体を構成していることはニューカレドニアの特色である。その一方で、エスニック集団間の意識の違い、世代間での歴史認識のズレだけでは、説明がつかない事件も続いている。2010年6月以来の政治危機を準備したニューカレドニア旗の問題に関して、フランス国務院は、ヌーメア協定に則って、列島のすべての住民に少なくとも旗があるという意味で、三色旗とともにカナク旗を掲げる方向が望ましいと判断した。ところが、コミューンごとの対応は、政治的な選択となり、緊張を高めることにつながった。市議会は、カナク旗（独立派）、三色旗（反独立派）、両方のほかに、共同体として新たな旗を考案する提案を押すゴメス[Philippe Gomés: 1958-]領土長（当時）の間で、特定の立場の選択を迫られていった。他方、合同議会では、承認、あるいはなんらかの合意を形成すべきだったにも関わらず、カレドニア「旗」をめぐる意見の相違（三色旗、カナク旗、両方）は、2月から5月まで、領土政府の転覆劇が繰り返される引き金になり、5月には旗の選択自体、見送られることになった。五色旗が、カナク旗、独立運動を象徴する旗、FLNKS旗と複数の顔を同時に持つことに由来する人々の戸惑いは、確かに、世代間の歴史観のズレでもある。しかし、4ヶ月に及ぶ執行者の交代劇に発展したアイデンティティをめぐる考えの相違は、地域語、慣習元老院といった伝統・歴史理解に加え、「正統性」をめぐって、一元的な合意の形成が容易ではないことも浮き彫りにした[6]。島のリアリティとして、いずれの集団も共通の運命を意識せざるを得ないにも関わらず、フランスからの「独立」との関わりで生じた経験によって、複雑な共同体意識を抱くことになったのである。

56

3.2　対決と妥協：ニューカレドニアの独立問題

　ニューカレドニア独立運動、カナキー樹立に連帯するフランス人が増えていったのは、1984年11月である[7]。

　ティオは、ニューカレドニアの東南岸に位置するコミューンである。1875年にはニッケル産出が始まり、1880年にニッケル社が創立、20世紀初頭にはニッケル・タウンとして知られていた[8]。ニューカレドニアでフランス治安・統治が入り込めない地区としてティオの占拠が確立したのは、1984年11月20日、領土議会選挙の二日後である。12月1日には、ヌーメアに隣接するラ・コンセプション（モン・ドレ）で、UC党首ロック・ピジョ[Rock Pidjot: 1907-1990]、結成して間もないFLNKS代表ジャン＝マリ・チバウらによって、カナク旗が掲げられた[9]。チバウは、カナキー国（Kanaky）仮政府の樹立を宣言し、併せて、ティオ占拠を実現したE.マショロを含む将来の閣僚を発表した。

　イエンゲンで独立派カナク人10名が待ち伏せした混血系カルドッシュに暗殺されたのは、その3日後のことであった（Plenel et Rollat 1988: 62）。

　1981年9月19日のUC書記局長ピエール・デクレルク殺害から、1989年5月のウヴェア島でのチバウとイェウェネ殺害まで、ニューカレドニアでのテロ殺人事件の被害者は61名に上った（フランス憲兵10名、仏軍特別部隊2名含む）[10]。牛、家畜が殺されることは珍しい出来事ではなくなった。

　1981年、ニューカレドニアの誰もが、ミッテラン大統領と社会党政府の出現によって独立は避けがたいと受け止めていた。また、ニューカレドニア独立をめぐって、社会党政府は脱植民地化に積極的とされていた。しかし、1984年12月、虐殺事件に次いで反独立派が要求した治安強化、85年1月のマショロ殺害、ヌーメアでの暴動に続いて、ミッテランが急遽来島（1985年1月17日）し、「対決」姿勢が深まった。殺人事件が相次ぐ中、ピサニ共和国委員を中心

6　ゴメス領土長は、協定署名人ではないが多数派支持を背景に、新たに旗が考案されるべきとしている。
7　軍用基地建設のための土地収用に反対する社会運動ラルザックLarzac をはじめフランス各地に、カルドッシュに対するカナク独立運動を支援する市民運動ネットワークができていった。Alexander Alland Jr. and Aonia Alland, *Crisis and Commitment. The Life History of a French Social Movement*, Gordon and Breach, 1994.
8　ティオ（Thio）のコミューンHP参照。http://www.thio.nc/（2011年6月10日アクセス）
9　ニューカレドニア代表国民議会議員でもあったロック・ピジョは、ラ・コンセプション（宣教区La Conception）部族長だった。
10　恩赦法（1990年1月10日法）関連公文書より。

に「フランスとの協同国関係における独立」と4州からなる準連邦制地方制度を柱とした新たな地位法案が国会を通過、9月に領土議会選挙（市議選および新設の4州議会議員選）が実施されることになった。フランス中で、ニューカレドニアの生々しいニュースが日常的に報じられ[11]、先述した通り1985年9月の地方選挙では、準連邦制地方制度4州のうち3州で独立派が地方議会長を占める「快挙」が実現した。FLNKSは、翌3月の総選挙では、選挙ボイコットを通じてプレゼンスを示す戦略へと転じたため、国民議会議員の議席を失っている。

　FLNKSが、選挙ボイコットを主たる手段とした非暴力闘争から、対決姿勢を硬化させた理由のひとつは、イエンゲン独立派待ち伏せ殺人事件の公判（1987年9-10月）で、メラネシア系人判事が含まれず、殺人犯人が全員無罪となったことがあげられる。

　保革共存期のシラク政府は、反独立派ラフレールの求めに応じ、独立運動の封じ込めに向かった。1987年9月13日、ポンス海外領土大臣は、共和国への帰属の是非を問うレフェレンダムを強引に実施した。58,99％の投票率で領土が共和国内で維持されることを求める結果となったものの、メラネシア系人が多数派を占めるコミューンの80％では、投票ボイコットが功を奏し、FLNKSは存在感を示すことになった。12月には、新たな地位法案が議会を通過、ポンス海外領土相は大統領選一回目投票日である1988年4月24日を領土議会の投票日に決定した。憲兵が人質にとられたウヴェア島にフランス・テロ対策部隊が送り込まれた後、大統領選挙の一回目と二回目投票日の間に、フリゲート艦からゴサナ地区の奥地に上陸した部隊と独立派集団が衝突、5月5日には、21名の死者が報じられる非常事態となった[12]。本土市民は、1962年以来、海外領土が日常のリアリティからあまりにも遠く、植民地がまだ存在するとは思わなかった。しかし、対話のチャネルが失われ、事実上の非合法活動へと追いやられた独立運動推進派の若者のゲリラ活動、マスメディアを通して報じられるニューカレドニア独立運動は、泥沼となったアルジェリア戦争の記憶を呼び覚ました。

---

11 選挙キャンペーン期の放送について、公正かつ多元性をチェックするメディア高等評議会の代表が派遣されている。Agnès Chauveau, *L'audiovisuel en liberté ? Histoire de la Haute Autorité*, Presse de Science Po, 1997.
12 側近のジョックスは、ミッテランが決定の回路から排除されていたことを回想しているPerre Joxe, ibid. pp.162-163.

　ミッテラン再選後、首相となったロカールが調停団を送り込んだのは5月半ばである。1988年6月26日に独立派・反独立派と首相の間での交渉を通して結ばれたマティニオン協定は、11月の国民投票によって承認される。1989年4月には、7月の革命200年祭に向けて、反植民地主義を唱えた政治犯への恩赦が検討課題となり、警備・治安維持体制は、二つの正統性が前提に組まれていた。しかしその努力もむなしく、5月、ウヴェア島事件一周忌記念のために島に向かったチバウとイェウェネが暗殺され、緊張は一気に高まった。

　こうした文脈で、1988-1989年の一連の交渉と協定は、ニューカレドニアとフランスの関係が劇的に変わるきっかけを提供した。ニューカレドニアにおけるほとんど内戦状態から脱するために、和平とともに重視されたのは、信用回復と、政情不安の解消に主眼を置いた長期の政策実施である。フランスは、内戦の当事者から、独立派と反独立派の対立を鎮め、秩序、統治、普遍的な司法を列島に約束する政治アクターへと転じる必要があった。経済活動の活性化を通してエスニック集団間関係を改善するためにも、メラネシア人リーダーの育成は急務となった。すでにカリスマ的メラネシア人リーダーとなっていたチバウは、FLNKSを代表して、経済社会格差是正期間として10年間の措置を認めていた。マティニオン・ウディノ協定を評価したFLNKSを承認してきた周辺国は、紛争の終結にフランスが演じる役割を認め、「南太平洋におけるフランス」を外交パートナーとして改めて受け入れた。この文脈で、共和国と海外領土および周辺国の関係は、承認されていった。マティニオン協定のもと10年の平定期を経て、さらに1995年にポリネシア核実験が停止することで、10年後のヌーメア協定では、ニューカレドニア市民権、主権分有、独立に関する投票の実施、漸進的な権限委譲のルールなど、新しい仕組みが定められるのである。

　現在、島全体で、エスニック集団の共存とニューカレドニアの行方への関心はなお高い。その一方で、独立をめぐる対立が島を二分した過去は、人々の記憶になお鮮明である。独立運動を通して打ち出されたカナク人の国というアイデアに、必ずしも輪郭が与えられるわけではない。80年代に、紛争・和平調停を経て締結されたマティニオン協定、1998年に整えられたヌーメア協定を経て独立国へと向かう手続きが制度化される過程では、「カナク」アイデンティティの尊重が重要な柱を構成してきた。「独立」に向かうアクターとしてカナク人民が承認されるべきとする主張と、独立反対派によるフランスへの帰属の主張がぶつかり合った結果できた袋小路、紛争を経て人々が受け入れた事実とは、ニューカレドニアがふたつの人民からなる共同体であるという現実であっ

た[13]。

冒頭で紹介したシャルル・ベルモン
監督『太平洋の調停者』（1996年作品）
では、1988年5月から6月にM.ロカー
ルが派遣した調停団と、交渉が導きだ
される過程について知ることができ
る。当時の首相ロカール、反独立派リー
ダーのジャック・ラフレール、派遣団
の構成過程に関わった宗教界代表を含
む関係者へのインタビューから構成さ
れた作品では、行き詰まり感の中で、
突破口を模索するリーダーの心象風景
が、再構成されたセリフとインタ
ビューを生で使った部分から丁寧に紡
ぎだされる。映画は、フランス各地に
加え、本土の自治体、行政の現場で危

シャルル・ベルモン監督。自宅の書斎にて。何度も
お会いして、ニューカレドニア紛争について、また
作品について熱く語ったシネアスト。

機に関わった海外領土省庁OBの間で繰り返し上映されてきた。海外領土に全
く関心がなかったベルモンは、ニュースを通して、ニューカレドニア独立派政
治家チバウが殺された報せを知る。カナク人急進派の一人に撃たれた、現代史
における希有な偉業をなした人物への思いは、制作に向かう動機となった。ロ
カール他、紛争解決の関係者が証言を添えた上映会には監督自身が出向き、
ニューカレドニア紛争について語ってきた[14]。調停団の仕事が、調査資料とイ
ンタビュー記録が折り合わされた映像作品として仕上がったのは、1996年で
あった。最近まで現役の政治家として活躍していた1988年当時のアクターの
言説とは別に、映画は、ウヴェア島事件からチバウ、イェウェネ殺害までを一
区切りに、ニューカレドニアが、全く新しい共同体としてのアイデンティティ
の構築へと向かうしかないある状態を映し出している。学校におけるフランス
語の授業のシーンから始まる映画は、人間的な扱いを受けなかった仏軍による

---

13 海外領土を専門に扱う放送局RFOのインタビューに答え、政治家を引退したラフレールは、カナ
ク人とカレドニア人は、（混じり合うことなく）共存していると述べた（2010年12月5日放送
"Parler vrai", nouvelle-calédonie La 1ère）。
14 上映会、作品について、ベルモン監督へのインタビューより（2007年9月17日於パリ）。

「統治」のシーンも、島の住民が出演して再構成されている。

　メラネシア人のカリスマ的政治リーダーとしてチバウを記憶にとどめるのは、ベルモンだけではない。監督が、チバウを扱った当時の報道映像の引用を最小限に抑えている点に注目したい。独立運動の政治リーダーとしてフランスのメディアに姿を現すチバウは、1983年からの5年間に作られたものにすぎない。チバウは、独立運動家となるよりずっと以前から、メラネシア人の尊厳のために「民族の生き残りを賭けて闘うカナク人」であった。フランスと、反独立派にとって他の何者にも代え難い交渉パートナーだったチバウは、どのような過程で、カリスマ的なリーダーとなり、いかなる主張が彼のアクションを支えていたのだろうか。

3.3　2000年のカナク文化を求めて

　ジャン＝マリ・チバウは、グランド・テール島の北東岸沿いに位置するイエンゲンのティエンダミエ（ウアレ宣教区）で1936年1月30日に生まれた。1930年代のフランス植民地ニューカレドニアでは、現地住民法のもとメラネシア系現地住民が「臣民」とされ、賦役や白人の農園での労働奉仕義務が存在した。カナック人（Canaques）への差別は社会規範を構成し、島の神学校でも状況は同様であった。1971年に聖職を離れるまで、チバウは、植民地におけるカトリック司祭の養成教育を受けている。1971年に留学から島に戻り、聖職を離れた後も、フランス情報局の人物ファイルによると、聖職者会議、先住民に関する英語圏の討論会に招かれている。チバウは、1975年のフェスティバル・メラネシア2000の実施を通して、フランスより先に、ニューカレドニア、英語圏南太平洋諸国で知られるようになった。

　メラネシア人の聖職者コースとして、プロテスタントがスタンダードだったニューカレドニアで、チバウがカトリックの道を選んでいる点は、注目に値する。聖職者養成のための神学校修了者には、聖職者養成修養過程を経て南太平洋周辺国の脱植民地化政治リーダーとなる青年との関係を結び、後に独立派政治家となったものが多数あったが、チバウもそうした一人である。パイタ神学校修了してヌーメア司教座聖堂で司祭を勤めた後、リヨン・カトリック神学大学（Grand Séminaire de Lyon）に奨学金を得て留学した。

　フランスでは、チバウは、多様な繋がりを築いた。神学以外の分野で影響を受けた人物として挙げられるのは、1930年代にニューカレドニアに牧師として滞在した人類学研究者レーナルトと、民俗学研究者ジャン・ギアールである。

チバウは、ギアールにすすめられて、太平洋圏先住民に関するセミナーに多数
参加した。また、フランス滞在中には、ブラジル、黒人問題研究者として知ら
れるロジェ・バスティドから社会学を学んでいる。

　1968年五月革命の後、父親の訃報に島に戻ったのは、偶然の出来事であった。
しかし、五月革命を背景に、カトリック教会が巻き込まれた改革推進を求める
波は、南太平洋の宣教団系教会にも及んでいった。第4共和制の植民地に対す
る理念のもとカトリック教育を受けたチバウは、この中で聖職を離れる方向へ
と転じた。

　1971年からUCに加盟した政党活動家ではあったが、1977年市長選までは
政治家活動の広がりがあったというわけではない。チバウの公的な顔を作るこ
とになったのは、1975年のメラネシア2000の開催であった。フランス高等弁
務局からメラネシア人のための助成金を得たのはチバウが最初である[15]。フラ
ンスから文化予算を得て企画・制作したフェスティバル・メラネシア2000は、
ニューカレドニア各地の部族がまもってきた固有の口承、ダンス、慣習が組み
合わされた壮大なスケールのアートだった。「文化イベントプロデューサー」は、
1982年に領土政府副長となるまでの、チバウの肩書きだった。

　フェスティバル・メラネシア2000が、根源的なカナク・アイデンティティ
の形成に貢献したことは、今日周知の事実である。
『カナケ（Kanaké）』（1976）は、1975年秋に開催された「フェスティバル・
メラネシア2000」を記念して、フランス語と英語で出版された大判カラー印
刷の豪華本である。120頁からなる写真集では、プロトタイプとしての「カナ
ケ」を表現する詩の言葉には、ヌーメアの電気屋の前にたたずむメラネシア男
性を映し出すページが続く。全編にわたって描き出されるのは、街角と部族村
のふたつの顔を持つメラネシア・コミュニティの姿である。フェスティバルの
盛り上がりの他に、宣教団がカナク人に着せたドレスの鮮やかな色彩に包まれ
る女性たち、カナク伝統家屋のカース、カースの大黒柱の上に天に向けてそそ
り立つ矢（frêche faitiaire）、モミ葺き屋根行事・祭りは、1970年代の列島の
姿であり、慣習儀礼の写真や女性たちの表情には、アルコールによる家族崩壊

---

15 フランスから資金を得た点で、イベント・プロデュースは、党内で批判を受けている。フェスティ
バルの企画のために、ジャン=マリ・チバウに補助金を出し、出版計画を手伝った当時のニューカ
レドニア付け行政官のひとりは、ミシェル.ルヴァロワであり、1984-1985年にDOM-TOM庁で官
房長としてニューカレドニアを担当している。

の危惧といった企画を背後から支える当時のチバウの問題意識を表現するテキストが添えられた。メラネシア2000では、ニューカレドニア各地の口承伝承が織り交ぜられ儀礼・ダンス・演劇が一体となったパフォーマンスが一週間にわたって繰り広げられた。イベントは、一年以上かけて、各クランから口頭伝承とダンスの使用について承認をとり、目録作成を通して構成された。2万人を超える観光客を集めたフェスティバルでは、ヌーメアの会場に慣習の道を通って集まったはじめて面会する各部族から来た出演者たちが、南部のクランに慣習儀式で迎えられた[16]。チバウは、部族社会の表象・機能と植民地化史が折り混ぜられた演出を通して、現代の文明社会と故郷と祖先の精神性とに引き裂かれるメラネシア人の世界をカナケ（Kanaké）の国にあると象徴的に表現した。1970年代のニューカレドニアで、メラネシア人は、空間的には、口承伝承によるクラン間での営みと慣習のもとに独自の言語集団としてそれぞれまとまっていた。こうしたメラネシア部族社会は、また、港湾施設、ニッケル工場など、都市の営みから離れて存在していた。チバウは、移民を労働者に利用して躍進するニッケル産業にメラネシア人が組み込まれていなかったことから、経済的な機会参入をはばむ社会規範に目を向けている。メラネシア2000の企画を支えた目的のひとつは、エスニック集団間の対話であったが、もうひとつの目的は、次の問いに集約されていた。「2000年のカナク人（Kanaka/Canaques）はどうなっているのだろうか？」[17]

　『カナケ』では、まだ、カナク人は、Kanaka（英語）あるいはCanaques（フランス語）と表され、独立運動リーダーたちが好んだ「K」から始まるKanakが採用されていない。

　ヴァヌアツが独立国となる2年前の時点で、チバウは、フェスティバル開催を通して、メラネシア人の間同様、ヨーロッパ系人に向かって、カナク文化が存在していることを伝え、二者間の対話の機会を作ろうとしていた。この姿勢は、1989年まで継続される。

　1970年代半ばのUCの中心人物同様、当時の独立運動リーダーは、チバウの

---

[16] Mélanésia 2000: un événement politique et culturel (interview par Michel Degorce-Dumas, avril 1977 à Nouméa in: Jean-Marie Tjibaou, *La présence Kanak* (édit. Alban Bensa et Eric Wittersheim; Edition Odile Jocob) 1996, pp.35-45.

[17] Jean-Marie Tjibaou, Philippe Missotte, Michel Polco, Claude Rives, *Kanaké, the melanesian way/ Kanaké, mélanésien de nouvelle* calédonie, Les Editions du Pacifique, 1978, p.9.

アプローチに批判的だった。

　ニューカレドニアに独立運動を推進するグループが出てきたのは1970年前後、「独立」が、政党・政治家の掲げる要求になるのは1977年であり、それは列島に普通法のコミューンの仕組みが整った時期に一致する[18]。この年、ジャン＝マリ・チバウは、UCから市議選に立候補することになり、イエンゲン市長に選出された。チバウは、選挙に出馬するに際して作られた地域活動組織である運動体"Maxha"（「頭をあげよ」を意味する）の結成について、UC結成以来の党中心メンバーであるモーリス・ルノルマンら（白人の）商業ネットワークに対する奴隷の反逆と説明している（Tjibaou 1996: 263）[19]。チバウは、独立運動にコミットする政治リーダーではなく、身近な問題解決に熱心なメラネシア人として政治家のスタートを切っている。

　独立運動が支持を広げる直接のきっかけは、メスメール[Pierre Messmer: 1916-2007]首相による白人入植政策に遡る。1970年代初頭、ニューカレドニアのニッケルブームを背景に、フランスは国家政策として移民促進キャンペーン（「ニューカレドニアでリッチになろう（Devenez riche en Nouvelle Calédonie!)」（Rollat 1989:125))のもと、マグレブ引揚者（ピエ・ノワール）から初等教育従事者など、2万人以上入植させた[20]。これまでも述べてきた通り、数の上で、初めてメラネシア人は列島の過半数をきる状態に陥った。

　チバウが政治にコミットを始める1977年は、独立運動と、これに反対する勢力として、ニッケル王として知られるラフレールがニューカレドニア反独立派のリーダーかつ多数派として立場を確立した時である。ジャン＝マリ・コロンバーニ[Jean-Marie Colombani: 1948-]は、この時期のニューカレドニアに滞在していた数少ないジャーナリスト（FR3）のひとりである（2003年までル・モンド紙編集長）。1998年にヌーメア協定が実施となりチバウ文化センターが開設されるのを期に当時を振り返り、「問題の多い植民地主義の遺産」であるフランス領における「カナク人」と「カルドシュ」（カレドニア生まれの非メラネシア系人）の対立は、「黒人」対「白人」の惨劇であったと紹介している[21]。

---

18 Guy Agniel, *De la collectivité humain à la collectivité local de droit commun*(1853-1977), Publication de la Société s'Etudes Historiques de Nouvelle-Calédonie, no.51. 1993.
19 UCは1970年代には、各地で多数派の立場を失っていった。
20 1945年から1975年までに入植者を含むヨーロッパ系人に譲渡された不動産は、27万haから39万haへと増加している（Waddel 2008:75）。

　1860年代の記録では、口承による伝統、表象、慣習は言語同様メラネシア人社会を構成し、言語は、地域語として28から35を数えていた。グランド・テール島では、その後、部族の移動を繰り返したことで、1975年に部族数は300を超えていたが、共通語は、フランス語しかなかった。

　フランス本国から戻ったチバウは、グランド・テール列島にでき上がっていた見慣れた社会が、ほんの数年の間に急速な変化に晒されていることに気づく。メラネシア人の「慣習」部族は、近隣のクランを含む地理的なコミュニティのまとまりを維持していた。しかし、部族を離れ労働者となった者が欲したアルコールの購入には属人的地位を手放す必要があり、同時に、属人的地位から離れることは、共同体における立場を失うことを意味していた[22]。ヌーメアとその他の地域間には、著しい社会格差が存在し、白人の集まるヌーメアと圧倒的に肌色の黒いメラネシア人居住地の間では、コミュニケーションは断絶していた。

　聖職から離れる決意をしたチバウは、カナク文化の存続と村落地区の経済発展を求めて、政党を足場に活動を広げていく。1981年にミッテランが大統領に就任し、UCはフランス議会の多数派となった社会党の現地パートナー政党となった。それは、島の主流として、RPCRだけでなくUCで反独立派を構成していたニューカレドニア在住者にとって、立場を追われる危機意識に駆られた瞬間であった。選挙公約として独立付与を約束した社会党左派政権の確立は、以後頻発するテロ行為と対立の深化に無関係ではない。

　1970年代に英語圏南太平洋に滞在したカナダ人研究者のワッデルは、チバウの伝記を書き始めるにあたって、1989年5月4日にウヴェア島を訪れたチバウを殺害したジュヴェリ・ウェア[23]のプロフィールとウヴェア島人質事件の背景から説明を始めている。「メラネシア系人」あるいは「カナク人」と独立問題においてひとつのエスニック集団として捉えられることが多いニューカレドニアの先住民は、南太平洋がイギリスとフランスによって19世紀に植民地化された過程、宗教組織との関わりで読み解くと、別の様相を呈する。イギリスのプロテスタント系宣教団（ロンドン宣教会London Missionary Society）が

21 Jean –Marie Colombani, *Double Calédonie: d'une utopie à l'autre,* Denoël, 1999, pp.12-14.
22 フランス海外領では、海外県と異なり、慣習のもとに立場があり普通法の適用から逃れることを求める市民に「属人法の地位（statut personnel）」を認めた（憲法第75条）。
23 1989年5月4日、チバウとイェウェネが殺害された時、ボディガードによって撃たれている。

入ったロイヤルティ諸島は、1880年代にフランスの占領が実現したとされる頃にも、カトリック勢力（パリ外国宣教会マリスト会）が浸透できたのはウヴェア島のみで、しかも、そのウヴェア島でさえ、英国系宣教団に協力するメリットが大きいことから、軍、宣教団、学校のいずれの勢力を通してもフランスの影響が浸透しなかった。ニューカレドニアの植民地化は、流刑地に政治犯として流された白人フランス人、植民地入植事業、先祖来の土地を追われ居留地の移動を繰り返されることで勢力基盤を失うメラネシア人の部族社会の歴史とともに語られる。ワッデルによると、グランド・テール島とロイヤルティ諸島間の「植民地支配」に対するイメージはかなり違っている。宗教と居留地設定・部族移動が緊密にリンクしてきたグランド・テール島では、カナク人のあいだで、入植者、カルドッシュとの共存は、避けがたかった。居留地制の導入に加え部族移動が繰り返されたグランド・テール島のカナク人にとって、土地問題があるとはいえ、部族社会と市場経済ルールの両方を生きることは、島のリアリティとなっていた。これに対し、規模の小さい離島、プロテスタント系のロイヤルティ諸島、すなわちフランスの統治が浸透しなかった島嶼部では、ヨーロッパ系白人との共存について、グランド・テール島と同じ視座は共有されない。また、カトリック化がすすんだウヴェア島において、ゴサナ部族社会は、ロイヤルティ諸島とグランド・テールのいずれの住民とも違ったベースがあった。プロテスタントにとどまったことで、フランスからの独立を目指す一貫した姿勢があった。チバウとイェウェネがマティニオン協定の妥協に踏み切ったことは、彼らには受け入れがたかった。

　ウヴェア島事件の一周忌を記念する式典参加に向かった二人がゴサナ部族長ヴェアに暗殺されたことは、カナク人がひとつの声にまとまることが簡単ではなかった事実とともに、チバウが直面した困難を部分的に説明する。植民地主義によって作り出されたメラネシア列島社会には、政治リーダーとしてわかりやすいナショナリズムに訴えるわけにはいかない島の実情に加え、矛盾を内包した慣習部族社会ができ上がっていた。

3.4　正統性と代表性: ナインヴィル・レ・ロッシュ会議とその後

　英語圏の独立国からなる南太平洋では、脱植民地化とは独立付与である。ミッテラン大統領と社会党政府に、アンティルとともにニューカレドニアの独立問題について、前向きに取り組む姿勢がなかったわけではない。むしろ逆で、分権化改革と同時に、問題解決を打ち出す予定だった。しかし、デクレルクの暗

66

殺によって、海外領に関する改革について、何もすすまない状態が生じた[24]。

　フランスの植民地政策の基本は入植であったため、「先住民」の概念を支える特定のエスニック集団の先住性を認めるわけにはいかなかった。マイノリティの概念も受け入れられない。フランス共和制は、法の前の市民の平等を謳い中間団体を認めない。しかし、小さな島の植民地で、時間がたって、いずれの集団も主流派になれない構造ができ上がっていた。数の上でマイノリティに転じた時点で、先住民の正統性は、本来ならフランス共和制の原則では確保されない。

　与えられた状況を前に、社会党政府が1981年から1985年に試みたのは、ニューカレドニアにおけるカナク人の代表性の確保であった。植民地主義によって作られたエスニック関係に法的な承認を行い、それをもとに問題の解決へと向かう手続きの制度化は、他の海外領土には見られない。

　1981年から1989年まで、チバウが一貫して示したのは、大統領の決定を通して、ニューカレドニアにおけるカナク人の先住性と独立の権利が認められることからカナク人の正統性を確保する方向である。表現としては、「植民地問題を作り出したのはフランスである。フランスは他の集団（歴史の犠牲者、移住民）を説得する必要がある」と主張した。

　フランス大統領府では、フランス統治なしにニューカレドニアでカナク人が生き残るのは不可能と判断していた。ジャン＝マリ・チバウが、ニューカレドニア代表議員団の一員として、はじめてミッテラン大統領と面会するのは1981年10月26日である。

　1981年から翌年にかけて、エマニュエリ[Henri Emmanuelli: 1945-2017]DOM-TOM担当相が準備した改革案は、「メラネシア集団の統合を促す制度の再編」で、メラネシア人議会を設置し、集団として決定権を大きくし、次に直接統治のもと改革（土地制度と税制）を推進する[25]。そのために最初に行われたことは、6月実施の領土議会選挙をめがけた多数派を構成するための調整で

---

[24] フランス大統領府海外領土関連公文書より。
[25] 土地改革には、ORSTOMによって植民地化当時の記録から部族地図に従った区割りを再現し、これへの所有権委譲を通じて慣習法を承認する試みが盛りもまれていた。次いで、集団間格差是正のための経済社会改革が添えられていた。法的には、共和国はエスニック集団に根ざした枠組みを設けることができないので、煩雑な仕組みが必要となることも考慮されていた（大統領への1981年10月6、26日付け報告）。

あった。1982年12月に反独立派リーダーのラフレールが大統領との面会の折、大統領による（植民地の）最初の歴史的事実の承認を経て、改革（土地制度、裁判制度への慣習法代表陪審官の設置、文化・科学・技術事務所の開設）が実施に向かった。チバウに割当てられた領土議会副長のポストは維持され、メラネシア文化機関が機能し始めたことで、メラネシア・アイデンティティの承認をすすめる政策実施の素地が整った。

ナインヴィル・レ・ロッシュ円卓会議では、フランスとニューカレドニア間の関係において、初めて、政治アクター間で、カナク人の独立の権利が承認された。宣言文書は、その後のニューカレドニアの地位発展の大枠を示したことになった。「独立の固有かつ活性化する権利」の宣言より、三者（独立の権利を保持するカナク人、歴史の犠牲者、植民地統治者）がお互いの存在について、相互に承認を行った側面が重要である。会議は「植民地」であったことでつくりだされた三者について、確認する機会になっていた。1984年2月、大統領と大臣他との面会に際しても、チバウは、「この円卓会議で植民地であるという事実が認められ、廃された」と言っている（ギ・ペン[Guy Penne: 1929-2020]の大統領報告より）。行政の現場では、独立派と政府の署名が添えられた宣言で、ニューカレドニアの地位に慣習が組み込まれるべきであると謳われていたことを受け、以後準備される集団的地位をめぐる法案の準備過程に慣習法代表が含まれることにつながっていく。会議での意見交換から、慣習代表の承認を通してメラネシア人のアイデンティティが認められることになるとする解釈も確立した（ギ・ペン[Guy Penne: 1929-2020]とルモワン大臣の大統領宛報告書より）。ルモワン担当大臣のリーダーシップのもと、宣言文を前文に掲げたニューカレドニアの自治制度法案は、ポリネシアへの自治制度法案とともに準備された。地方議会とは別に案出された第二の議会は、グランド・テール島を慣習に従った6つの部族地図区画に分けて代表させるものであった。

しかし、力関係では実質的にマジョリティではないメラネシア社会の代表性を確保することは、1989年まで枠組みを準備する法制化自体が繰り返されたことに見られるように、難航している。

共和国政府は、1983年9月上院議会議員選挙と1984年4月の領土議会選挙のあいだに、合意された方向へと制度改革を準備していくが、RPCR同様、FIは、それぞれ、パリでの合意に連なる行為に繋げることに成功していない。1983年11月から、改革法案は、国際レベル（米国、周辺隣接諸国、南太平洋フォーラムと国連他国際機関）とローカル・レベル（領土議会、領土政府、政党、慣

習法権威、住民）での調整が済んだ後に、国会における政治的対立の道具となった。チバウにとって、議会民主制と合意の原則を維持して行う多数派形成は、簡単ではなかった。

政治的な道具とされた理由のひとつは、ポリネシアと抱き合わせで改革を目指したことにあった。もうひとつの理由は、選挙を間に挟んだ正統性を確保する手続きの限界であった。改革を押し進めるために独立運動の形で要求をあげ、これに法的に形を与えて、選挙で支持をとりつける方法は、正統性を重ねる点では適切に見える。ところが、時間をかけて選挙と協議を繰り返すためには、選挙民の支持が続かなければならない。しかし、最も致命的だったのは、人材不足だったのではないだろうか。

先住民としてのカナク人の承認は、実は支持が得られている。その一方で、チバウが実質的に求めたのは、「入国」者を受け入れる権利、「出入国管理の権限（droit d'immigration）」であった[26]。これは、慣習儀礼の象徴的な意味とも通じる。しかし今日まで実現していないのも出入国権限の委譲である。チバウは、1984年9月「独立はカナク人の顔である」と表現し、FLNKSの結成を通して、力の対抗関係と仮政府樹立宣言に向かった。

対決を余儀なくされた1985年から1988年には、国連による脱植民地化国リストへの登録を始め、国際的な承認を重ねる一方、メラネシア共同体を地理的に代表する制度の実施も試みた。チバウは、1989年までフランスのメディア、政治空間において、カナク人を代表するアクターを演じ続ける。しかし、独立運動の殉教者が増え、問題の解決には、ロカール首相のイニシアティブを待たなければならなかった。

公文書として残されている首相の速記では、1988年6月25日の面会で、「主権とは相互関係を交渉することができる力である」というフレーズとともに、チバウは次の通り発言している：「植民地であること（Le fait colonial）は事実そのままの形で認められるべきである」「主権責任が認められなければ歴史係争は続くであろう（Contentieux historique démeurera tant que la responsabilité souveraine ne sera pas reconnue）」。しかし、併せて、1981年以降のメディア改革によってメアラネシア人社会が存在しないかのように提示される状態はなくなったと指摘し、和平に応じ、「公正」の確立と経済発展の支援に期待を寄

---

[26] UC第15回大会1984年11月1-4日（Tjibaou 1996:168）。

せた[27]。

　マティニオン協定で、フランスが約束した「公正」の確保のため、取り組まれた方法は、移行期として、①警察組織にふたつの正義を保証する仕組みを作ったこと、②約束実現状況の評価、③アクターが必ず協議に向かう仕組みの整備であった。一例として、ニューカレドニアのコミューンであるポヤの例を挙げる。ポヤは、慣習法元老院の代表選出枠組みの輪郭線も、市議会議員選出のための境界も一致しない。2部族区にそれぞれ分かれて属している言語の異なる6部族は、部族を離れた普通法の市民と共存している。さらに、南部・北部の境界線が市中を分断する、フランスで唯一のコミューンとなっている[28]。領土のどの一部分も、単独で暴力に訴えることによる主権国樹立を許さない仕組み、制度的な担保は、以後、幾重にも重ねられ、チバウ暗殺後、協議にアクターを必ず呼び戻す仕組みとして、ヌーメア協定の主権分有のアイデアへとつながっていくのである。

おわりに

　1980年代のニューカレドニアでは、マイノリティに代表性を与える工夫と、多元的な正統性の承認が目指された。しかし、動機として暴力による解決を避けた代表性と正統性への賭けは、結果として暴力の連鎖に繋がった。正統性と代表性を賭けたリーダーシップと選挙による合意形成は、主流派が立場を失う危機意識を背景にテロ行為を生み出し、「マイノリティ」となったエスニック集団メラネシア人への格差是正策の実現は遅々として進まなかった。政治制度改変に続く選挙の度に調整が困難になる中で、政治的対立から紛争が深刻化した。

　この文脈で、ジャン＝マリ・チバウが果たした役割は多岐にわたる。最初は、植民地主義と外から入ってくる移民によって先住民が周辺化され、マイノリティとなっていた状態から脱する方法を模索していた。「フェスティバル・メラネシア2000」ではクラン社会の「道」を通ってそれまでメラネシア人が近

---

27 首相府マティニオン協定関連文書及び、ロカールへのインタビューより（2006年3月8日、於パリ）。
28 協議と交渉によって確立した北部と南部を分ける境界線は、クリーク・アウィック線として、後からマティニオン協定の付属文書に含まれた。象徴的な線引きの決定に立ち会ったベロルジェ[Gérarol Bélorgey: 1933-2015]海外領省担当官（当時）によるインタビューより（2011年3月14日）。

寄ることがなかった「白人のヌーメア」に方々から集まる参加者の姿が、「カナク文化」の存在をアピールした。パフォーマンスと慣習儀礼の実践を通して、ヨーロッパ系住民を前に、メラネシア人の間では、動員力と慣習を背景とするカナク・アイデンティティが確信される機会ともなった。

　政治リーダーとしてのチバウは、カナク人が「脱植民地化の権利を保持する先住民」であること、独立の要求はカナク人の権利であると主張した[29]。列島の占有者として、カナク人の正統性を承認する交渉に挑み、カナク人の可視性を演出する選挙ボイコットを続けた。甚だしい力の落差を前に非暴力闘争に訴えたため、カナク人の独立運動犠牲者は増え続け、チバウは皮肉なことにフランスのメディアでも存在感を持つカリスマ性を備えていった。

　マティニオン協定を準備する交渉のために首相府にあがっていた情報局のファイルでは、チバウの主たる肩書きは、FLNKS代表、カレドニア連盟党代表、北部議長とは別に、「（括弧付き）カナキー大統領（"Président de Kanaky"）」であった。大統領選で200万部が配られた『フランス人への手紙』にもニューカレドニアに関する部分は独立して設けられていた。チバウは、「自国にありながら亡命を余儀なくされている状態」と訴え、メッセージへの理解は広がっていた。しかし、対決の1985年から1988年を経て、フランス軍の出動を伴ったウヴェア島では、悲劇が繰り返された。二度目の暗殺事件の犠牲者のひとりはチバウだった。

　2011年9月、ウヴェア島の惨劇をGIGN突撃隊長の視点から捉える映画が公開された（"L'Ordre et la morale": マシュー・カソヴィッツ監督作品、日本語タイトルは「裏切りの戦場、葬られた誓い」）。これに先立ち、6月には、ウヴェア島事件で人質となった憲兵隊の名前が初めて明かされた。

　新たな共同体の絆を構築するヌーメア協定過程に移行する10年の間には、交渉から、北部へのニッケル鉱山の譲渡、鉱山会社の設立が実現した。加えて、カナク・アイデンティティは、時間をかけて固められてきた。この間のメラネシア特有の合意形成を重視した枠組みが時間の無駄に終わったわけではない。試みの中でも、成功しているのは、フランス国務院がコミットする仕組みである「協定署名人会議（Comité de signateurs）」である。会議の合議事項は、フ

[29] 1983年5月18日、ニューカレドニアを訪問したDOM-TOM長官ルモワンを迎えるにあたっての、FI代表チバウの演説より（Tjibaou 1996:140）。

ランス国内政治にも、ニューカレドニア政治にも揺るがされない、ヌーメア協定過程の柱を構成してきた。

　「出来事」から35年が過ぎた。

　1984年12月にチバウが揚げたカナク旗は、次の５色からなる。「緑、カナキーの象徴である緑は、カナクの国の緑である。赤は、カナク人民の戦いの象徴、我々の一体性の象徴、FLNKSの一体性、カナキー共和国を受け入れるものすべてとの一体性の未来の象徴である。青は主権を表す。太陽は我々とともにある。たとえ、太陽がカナク人民の歴史と常にともにあった訳ではないとしても…」1988年にロカール首相が演説で取り上げたカナク旗は、青が、水平線に置き換えられていた。今日、南太平洋フランス領の人々にとって、「国境」は「水平線に溶けていく」という。紛争の記憶と不確かな境界を超える、「カレドニア」アイデンティティの出現が待たれる[30]。

街角で出会ったカナク旗Tシャツの少女。
2019年秋の訪問時にヌーメア中心街を歩いて
いたところを撮影した。

---

[30] 2011年5月5日付け地元紙では、「ウヴェア島で亡くなった独立派運動家19名の記念式典は、ニューカレドニアの全勢力にまとまりと憲兵隊への一礼の呼びかけとなった。」と記載されている。（http://www.lnc.nc/pays/commemoration/232637-ouvea-veut-rassembler.html）

第4章

....

投票の役割

はじめに

フランス共和国は、唯一不可分の原則が示すように、憲法で法のもとにおける個人の平等を謳い、「自由、平等、友愛」をスローガンに掲げる。この原則は、海外領土にも適用される。16世紀に遡る領土拡張と植民地事業の推進による南太平洋、大西洋、カリブ海、インド洋加えて定住者はいないが南極海と、五洋に広がる主権の及ぶ領土である。1980年代以降、海外に置かれている県（département d'outre-mer）、他の自治体（collectivité d'outre-mer）へは、分権化と、必要とあれば自治領を可能とする枠組みが整備されてきた。

前章では、植民地問題が、フランス外交問題として足枷となった1986年-1987年を起点にとった脱植民地化過程の政治史を描いた。

2018年11月4日、ニューカレドニアでの3回実施される投票の第1回目があった。フランスからの独立による主権国樹立を問う住民投票である。投票の実現には、1980年代以来の取り組み、協定に加え、地域の多元的なリアリティが大きく関係していた。自決権を行使する投票は、ヌーメア協定プロセスの一環であったので、2024年の今日から振り返り結論を先に言えば、独立か否かのみを明らかにする諮問でのみあったわけではない。

本章では、ニューカレドニアがいかなる過程を経てどのような状態に到達したのか、「投票」と「代表」に留意し、説明を試みる。社会統制の過程における政治権力の役割を、メリアムは、1932年にアドルフ・ヒットラーによる政権奪取を目撃しながら考察を重ね、次のように論じた。「個人の生き方であれ集団生活であれそれらが十分に、そして豊かに展開されるためには、政治権力が適切に機能することが不可欠である。」政治権力が適切に機能していない時に、個人の生き方、集団生活ともに十分に豊かに展開されない。フランスの南太平洋領ニューカレドニアで1984年から1988年までの間にでき上がった、政治権力がふたつの勢力の競合を可能ならしめた状態から、どのように制度変化が実現したのか、その過程から、いかなる適切化が実現したのか、実現における鍵だった「不確かな境界」、実現までの期間とその後を通じた「投票の役割」をめぐって境界値を取り`、論じていく。

74

　ニューカレドニアにおける自決権を行使する投票の実施は、1980年代半ば以来の課題であった。30年後の住民投票の実施によって、いかなる課題が解決されたのか、それはどうした背景によるのか。もし独立国となることが必ずしも目標ではないならば、投票の役割とは何だったのか。2018年に始まるニューカレドニアにおける住民投票ののち、自決権行使によって行われる投票は残されている。住民投票実施までの30年間、同時に、独立を肯定する視点から制度が整えられた。制度を捉えるにあたりC.E. メリアムによる「合法性というものの象徴としての価値」について、『政治権力』を考察対象とした著作から表現を借り、少し長いが引用する：

> 決定、調整、刑罰などは、共同社会内部における他の諸集団との境界線を突っ切って行われるかもしれないのである（メリアム「序章」『政治権力』, p.15）。…ところで、適者が生存していくような、合法性の競争とでもよぶべきものはないのであろうか。ある意味では、答えは肯定的である。しかし、「合法性」という言葉のうちには、社会関係において非常に重要な意味を持つ、象徴としての価値が含まれている。「合法的」であるということは、誇り高き軍旗を持っていることであり、この軍旗は、ほとんどあらゆる共同体において、多くの人々を自らの支持へと統合するし、また糾合しようとする傾向が強い。これに反して、「非合法」であることは、多くの人々に対して、もし非合法とされていなければ受け入れうるし、また、自分にとって好都合であると考えられるような、地位や人格を支持することを躊躇させる働きをする。そして、合法的なものは、他の条件が同じだとすれば、えてして勝利の王冠を手にして登場するものなのである（メリアム 1973上:15-16）。

　30年前の事件であるウヴェア島人質事件は、ある意味では辛うじて実現していた、合法的なものの競合に、各集団が当惑し交渉が途絶えるきっかけを提供した。
　本研究は、制度変化を跡付け、切り替えとなった転機を「境界値」が新たに

1　境界値とは、（1）微分方程式の解が与えら得た領域の境界で満たすべき条件、（2）限られた領域内での物理現象の起こり方を、その領域と周囲の境界において規定する条件、である。

置かれると見立て、現代史を検証する一方で、「不確かな境界」と「投票」の
役割を明らかにする。

4.1 社会の方向性の「競合」を「投票箱」で解決する仕組みの開発

　紛争社会にあって、政治権力が適切に機能することは、とても重要である。
国家が信頼を失っていることで、紛争が深刻化している例はアフリカをはじめ
として世界各地に存在している。もうひとつのわかりやすいあり方としては、
他方を凌駕する政治権力が一方に備えられているなら秩序が保てることにな
る。メリアムは、1930年代ナチスドイツが躍進する様を観察しながら、『政治
権力』を書き、次のように説明する。「真の政治権力というものは、..人間に共
通の衝動形式のうちにこそある」（メリアム 1973上:8）。政治社会は、目的の
一般性を備えており、その点では他のいかなる集団も及ばない。民主主義社会
において、その一般性が説得力を持っているならば、投票を場に、あるいは日
常の執行部・議会の活動、マス・メディア、今日ならソーシャル・メディアな
どの発信する情報を軸に、人々が投票へと向かうと想定される。ただし、有権
者がそれほど情報を持ち、また責任ある判断に基づく行動を行っているわけで
はないことは、リップマンが『幻想の公衆』で述べている通りである。

　もし、政治が、シンボルや政治的言説によって不特定多数が政治的に覚醒さ
せられることで出現するのであれば、私たちのアイデンティティは政治を通じ
て構築されていくことになる。それは、合理性という合目的的な解答でもって
導き出される政治とは異なる（吉田 2014:56）。しかし、領土において数の上
でマイノリティとなる集団が危機意識とともに「独立」を旗印に政治的に覚醒
させられ、政治を通じて、また、アイデンティティを、同時に制度固めをしな
がら作り出していく場合には、次項以降で述べる通り、その不確かさこそが政
治の存在理由となっている。そこでは、投票の機会に、「独立」あるいは「反
独立」という言説に従って、リーダーを選ぶことが、一種の通過儀礼となり、
また、フランスとの関係を問題としているからこそ、投票という洗礼を受けた
リーダーを輩出させることで表出し願望に形を与えていく。

　数の上で、領土の少数派となったマイノリティ集団先住民が、社会規範とし
ては、肯定にあたいする言説を掲げ、また、これを勝たせる必要が生じたとき、
一方的に首長が支持を表明するだけでは、民主制とは言えない。しかも、植民
地統治は、マックス・ウェーバーの言葉を借りれば、「永遠の過去が持ってい
る正当性」を装っている。ひとつの打開策は、選挙区画の線引きを操作し、「代

表」の数をコントロールすることである。実際に、上述した通り、フランス海外領として、1950年代まで、ニューカレドニアでは、選挙権の保持者に条件をつけ、必ずメラネシア系先住民が多数派とならない操作を行なっていた。それでは、逆の操作は不可能だろうか？

　他方で、投票以外に、植民地主義を生き残った制度を承認することで、マイノリティ集団の代表性を上げることは、中間団体を認めてこなかった共和国の仕組みとバッティングしないなら、また、承認が「合法的」な側面を持つなら、可能である。

　以下に、代表性をコントロールし、投票のあり方を変えていった法制化過程を振り返りたい。

4.2 多数決を退ける：ユニバーサルな「一人1票」から代表性の強化へ

　投票は1970年代以来続く島嶼と植民地関係の再編の仕組み作りとして、フランスの戦略、コントロールと権威のあり方をめぐる取り組みから多用され、そのひとつの帰結として、政治的地位をめぐる論議がある。

　近代の政治集団は、他の政治集団から境界線ではっきり区別された領土を持っている。この領土の一体性の原則において、20世紀には脱植民地化主権国樹立がすすんだ。南太平洋でも同様である。

　島では、1984年から88年が、人々が「（あの）出来事（Evènements）」と呼ぶ紛争期である。今日、学校では、カナク人が蜂起していたと教えられている[2]。小学校教諭として移住し70年代からヌーメアに住む白人女性は、「白人入植者のあいだでは自警団が組織され」ていたと80年代について回想する。

　では、対立は、いつ、どのように始まったのか？

　カナク人独立派でナンバー３とされたジョレディエは、紛争の始まりは、1977年のカレドニア・ユニオン党大会であったこと、党の方針として独立を標榜した際に、白人メンバーはみな離党し、あるものはラフレールと、別のものは自治領を目指すアイファらと合流したと証言した（筆者によるインタビューより、2008年8月23日、於ヌーメア）。また、UCの代表をかつて務めたガイヨのように、極右の国民戦線の地域分党を形成したものもある。紛争は、

---

[2]　ニューカレドニアの高校で1984-1988年の現代史を教える手引きとして次を参照。https://histoire-geo.ac-noumea.nc/IMG/pdf/dossier_sur_l_enseignement_des_evenements.pdf

独立国への方向性を共有した主にメラネシア系人と、入植植民地ニューカレドニアを望んだヨーロッパ人の間で社会の方向性についての考えにおける不一致から始まっている。入植植民地では、「先住民はマイノリティとなる」これがカナク人独立運動の出発点である。しかし強者であった白人メンバーは、なぜ「去っていった」のかといえば、メラネシア人代表に正統性が認められたからではなかったか？

　以来、ニューカレドニアでは、ひとつの領土に対して、ふたつの違う目的の一般性を持つコミュニティが生じ、やがて、競合するに至った。重要なのは、後述するように、「植民地であった」事実をめぐって、正当性が揺らいだ点である。無秩序だったというわけではない。

　地中海国家でもあるフランスにとって、「コロニーに入植者を置く」政策は、2000年以上実施されている地域のリアリティであった。カエサルの『ガリア戦記』に記載されている「ガリア」とは、ローマ人が侵入し征服したガリア、すなわちおよそ今のフランスで、パリでは、入植者の置かれた商業地区として、商業と貿易の象徴であるヘルメス像が多数発掘されている。地中海文明圏物資供給網が構築される過程で、パリやウィーンはローマ統治下のコロニーとして入植者が入りシステムを構築していった。1800年代に領有化された南太平洋島嶼であるニューカレドニアは、まず流刑地として利用され、ついで入植植民地とされている。ほとんど集落から移動しないメラネシア・コミュニティが戦争に負け居留地移動を余儀なくされたとは、入植者天国が構築されたということであり、入植型社会という方向性は1970年代ニッケルブームでさらに移民が促進され、フランスのコミューン制度がカナク人居住区にも導入されメラネシア系人の村長が選ばれるまで、基本的に揺らがなかったのである。

　他方で、英語圏国際社会では、70年代とは、脱植民地が、主権国樹立、またオーストラリア、フィジーなど入植植民地における多文化主義への方向性変更から定着した時期である。

　このように見ていくと、第一の境界値は1969年にコミューンが置かれていたことに見いだすことができる。これに由来する変化が独立運動である。

　次に1981年にミッテランが大統領となったことは、大事件であった。大統領選挙キャンペーンまでに明示されていたミッテランら社会党の公約は、1970年代までの与党のニューカレドニアについての考え方に真っ向から対立する要素を含んでいた：

- 組閣に際しての（社会党と共産党の）共同綱領（1972年6月）

　政府はDOM-TOMの人民の自決権を認める。新たな地位が当該住民の代表によって議論され、彼らの望みに答えることとする。グアドループ、ギアナ、マルティニーク、レユニオンは、憲法第72条によってあらかじめ予定されている新たな地方団体とされる；これら4領の住民は…普通選挙によって、また民主的自由が保障される条件のもとで政府と競技することになる地位を検討することを目的とする議会の選出へと誘われ、これを通して彼らの課題解決を図ることを可能ならしめる：

- フランス社会党の（海外領に関する）方針

「海外領（TOM）については、すでに革新勢力を強く支持している社会党は、現在の地位の発展に関しては地域住民に由来する意見に耳を傾ける。

もし海外人民が独立国樹立を願うのなら、社会党は、政権についたあかつきには、相互に同意できる構造枠組みにおけるフランスとのつながり確立を提供しつつ、彼らによって選ばれた諸様式に従った可能性を開く。

- ミッテラン大統領選キャンペーンにおける110の公約

提案第58（1）真の変化を切望するフランス海外の人民について、彼らのアイデンティティと願望を実現する権利を認めることから、協調と対話の時代が開かれよう。中でも海外県においては、比例代表制によって代表者が選ばれる、県がある地域に関する全ての国際協定締結前に義務化した諮問を伴う各県に関して責任を帯びる新たな県議会を設立する。この件に関して社会党グループから提出される法律は続く立法審議セッションで議論される。

- ミッテラン大統領の所信表明（1981年第1回投票にて表明されたもの）

「海外県および海外領とともに、自由で率直な対話が開始され、彼ら自身である権利とそこに到達するための手段を含むそれぞれのアイデンティティが認められるであろう。

　そして、1981年7月、共和国大統領は、国民議会選挙で多数派を確保した翌月、独立戦線の代表一行に面会した。バカンス期の後、9月のデクレルク暗殺を挟んで間も無く、政府の決定（オルドナンス）として、以下の7政令によっ

てメラネシア人を支える法制化が実現している：

- 1982年10月15日の政令82-877号
  ニューカレドニア領および属領に第1審民事裁判所および控訴裁判所と連携している慣習評議員（assasseur coutumier）を置く政令
- 1982年10月15日の政令82-878号
  ニューカレドニアの経済発展に関する政令
- 1982年10月15日の政令82-879号
  カナク文化・科学・技術事務所の設立を定める政令
- 1982年10月15日の政令82-880号
  土地改革、農村地区公社設立、ニューカレドニア領と属領の土地上に慣習法の権利を認めることに関する政令
- 1982年12月23日の政令82-1114号
  ニューカレドニアと属領における労働権法制体制に関する政令
- 1982年12月23日の政令82-1115号
  ニューカレドニアにおけるエネルギーに関する政令
- 1982年12月23日の政令82-1116号
  ニューカレドニアにおける鉱物の規則に関する政令

　これらのうち、1982年10月のオルドナンスについて、次項で説明したい。

　ニューカレドニアで80年代末までに政治制度は10回以上変わっている。

　1982年の評議会選挙（1956年6月23日法ドゥフェール法による）では、領土を4つの選挙区画にわけリスト制直接1回投票選挙によって、1979年に実施

ポール・ネアウティン（PALIKA）は北部長歴任の独立派リーダー。村長を務めるポワンディミエには日本から入植した沖縄出身者が多くとても日本びいきで知られる。

された領土議会選挙の結果選ばれた代表者がキャスティングを行い、ニューカレドニア政府副長にジャン＝マリ・チバウが選ばれている。まだ領土の執行機関のトップは、総督にあたる高等弁務官で、リスト制直接選挙によって選ばれ

た評議会員から代表に選ばれたチバウ
は、領土の行政を弁務官の側近として
支えることとなった。この時の官房長
がながらくヌーメア協定以降北部長を
務めるポール・ネアウティンであった。
のちに言及するルモワン海外領土相の
改革では、執行権が国から領土へ譲渡
され、執行機関である評議会は全て領
土議会から選出されるメンバーで占め
られることとした（選挙はリストによ

円卓会議を招集したジョルジュ・ルモワン氏
（2007年4月10日、於パリ、筆者撮影）

る比例代表制選挙）。このプレジデントの立場で、後述するナインヴィル＝レ
＝ロッシュ円卓会議が実施されるのは、自然な成り行きだった。共同宣言を合
意事項とみなし、それに則った1984年9月6日法では、自決権行使による投票
実施を5年後と定義している。しかし、独立派からは、反独立派同様に、好ま
れなかった。その理由は、投票で勝てない仕組みだったからである。カナク人
たちには、投票箱は不公正の象徴と捉えられた。

　そうは言っても、具体的な出発点に目を向けるならば、重要な折り返し点は、
「植民地である事実」を独立派、反独立派、フランス政府がそれぞれ対話をも
とに認めたナインヴィル＝レ＝ロッシュ円卓会議であり、また、その結果がフ
ランス国会で共有されたことである[3]。確かに、円卓会議の共同宣言は反独立
派代表の署名は得られなかったが、共同宣言のまとまった合意事項が揃えられ
るに至ったことへは注意が払われなければならない[4]。

　ナインヴィル＝レ＝ロッシュ円卓会議共同宣言（1983年7月12日）

---

[3]　元老院で1984年12月13日に審議された報告書には、ナインヴィル＝レ＝ロッシュ円卓会議の
共同宣言が記載されている。現地に視察に行ったティゾン上院議員は、憲兵本部に赴き状況をヒア
リングしていた。Rapport no.155 du Sénat crée en vertu de la résolution du 27 novembre 1984,
par MM.Jean-Marie Girault et Jean-Pierre Tizon, p.12.
[4]　ナインヴィル＝レ＝ロッシュ円卓会議について、拙論参照。Yoko Oryu "La préparation des
accords de Matignon-Oudinot.Nainville-les-Roches: Le droit à l'indépendance comme patrimoine
kanak ou l'identité culturelle dans l'Outre-Mer français（Intervention dans Colloque:"Textes
fondateurs de la Nouvelle-Calédonie d'aujourd'hui Les accords de Matignon-Oudinot（1988）", les
accords de Nouméa（1998）", 25-26 avril 2008, Paris）, *La Nouvelle-Calédonie: vingt années de
concorde 1988-2008* pp.175-208. 2009.

1. メラネシア人文明の平等が承認されることによって植民地という事実の決定的な廃止を確認しようという参加者に共通した意志と、これから定義する制度における慣習によるその代表性（représentativité）の表明

2. カナク人民の、土地における最初の占有者として、独立への生来かつ活性化する権利がその限りにおいて認められる、正当性の承認。フランス憲法によって前以て示され定義されている自決権の枠組みにおけるその（権利を実行する）限りにおいての正当性の承認である。自決権は歴史的な理由からその正当性がカナク人民代表によって認められる他のエスニック集団にも開かれている。

3. 自決権行使を奨励することは、その中に独立を含む選択肢に達することを可能とすべき「フランスの仕事のひとつ」である。この、上記の通り認められた論理により定義されたカレドニア人民の事がらである自決への歩みを、彼らが必要であると感じた時には、準備すべきである。この歩みを準備するにあたって、各々は、（地域に）特殊で、所与の政治経済状況を考慮しつつ移行期を明確にした漸進的な、内政自治の地位を練り上げる必要があることに自覚的である。というのは、政治的安定なくしては、経済発展があり得ないからである。

　今日から振り返ると、この時に打ち出された青写真に形を与えた、複数の段階からなる過程が実際に踏まれていることに気づくであろう。

　従って、第2の境界値が1982年（10月）のオルドナンス発布だとすれば、第3は、1983年7月となるのではないだろうか。大統領による面会、チバウの副長就任など、正統性を確認するアクションが重ねられ、文脈がつくられていった。

　しかし、すんなりと進化・発展したわけではない。この直後に、紛争が深刻化し、長い対立の期間を経ることになるからである。

　当時、パリの中央政府、国民議会において多数派となった「ソシアリスト」がそれまで取り上げなかった原則―植民地であった事実を認め課題の存在を受け入れる―を留意の対象としたことで、本国における新旧多数派/左右党派とニューカレドニアにおける数の上で多数派だった反独立派および政治空間において少数派であった独立派、4アクターのメッセージに、フランス本土の市民、ニューカレドニア市民がどう答えるかが問われる状態ができた。しかもそれは、社会規範と関係していた。

　円卓会議宣言が上院における報告に掲載され一連の出来事とともに国会議員に共有されたタイミングは、1984年12月、チバウによるカナキー仮政府樹立宣言（1984年12月1日）の後で、フランス本国で報道が展開している時期である。フランス海外の話題がテレビ報道を含むフランス全国ニュースとして連日話題にあがることは、とても珍しい。以後、独立派は、存在を示すために戦略的に選挙ボイコットを使っていく一方で、代表者としてのチバウ、イェウェネらは選挙を通じて選ばれている—共和国における正当性は担保されている。秩序は保たれている。この独立派が独立国樹立宣言を行った後、85年8月は第4の境界値となる。

　1985年1月マショロが殺され、反独立派の人々は歓声をあげた。ミッテランが来島したのち、エドガー・ピザニ相のもと、1985年8月23日法では、新たに領土が4州に区分けされ、各州議員が集まって領土議会から合同議会が、執行評議会を選ぶ。首長は、他方で、高等弁務官が務めることとした。しかし、この改変で、独立派がハンドリングできる州が3州となった。この改変は、投票ボイコットをやめさせることへとつながった。しかし、合同議会の多数が右派となり、代表はラフレールとなった。

　第5は、1988年5月である保革共存に終止符が打たれたミッテラン第2大統領期のスタートである。

　マティニオン協定では、選挙区画問題について、チバウとラフレールに、交渉させ、地図上に直接線引きをさせている。結果としてでき上がった選挙区画は、北部、南部、島部の3区画からなり、全部で33のコミューン（北部：14、南部：17、島部：3）があり、南部と北部のあいだの線引きでは、お互いが勝手に独立できないよう、分割線がひとつのコミューン（ポヤ）の真ん中を割るように通っている。ロカールは、首相として、この交渉の結果をレファレンダムで固めている。

　8月、追加の調整（ウディノ協定）を経て法案が用意され、正確にはマティニオン-ウディノ協定に由来する法文・地位の承認が、11月6日、国民投票にかけられ、棄権率63%とはいえ、14,028,705名の有権者が投票し、79.9％の賛成によって、法文は承認される。フランス全土の有権者の投票による意思決定を行い、不可逆的な決定としたのである。

　ヌーメア協定の最後の部分で実施された3回の独立をめぐる投票では、カナク人が多数派のコミューンが数は多く、独立を求める地域の存在を顕示し、投票者数から見る投票結果とは異なる領土の表情を示した。この風景は、マティ

ニオン協定があったがゆえに準備でき
たのである。

　第6がヌーメア協定締結の1998年で
ある。

　ニューカレドニアでは、「慣習」枠組
みが国際政治とともに共和国制度とし
て、憲法構成要素として、重視された。
言い換えると、次項で述べる通り、投
票による正当性以外の権威にも正当性
を認める配慮がなされている。

　このように見ていくと、とても大事
なことは、政治的安定を保ちながら社
会規範と諸団体の関係を変える作業で
あり、そのためにも「代表」のプロフィー
ルが重要であった。

カナク旗とともに。ジャン＝マリ・チバウ（アラン・
ロラ撮影, 1988年ごろ）

　ニューカレドニア脱植民地過程では
「代表」の役割が変更されていった。

　南太平洋圏は、長らく、文化人類学者/民族学者、行政官が、植民地住民を
代弁してきた地域である。そこへ、70年代に、文化人類学を学んだ先住民で
あるチバウが、まず文化イベントのプランナーとして、次に政治リーダーとし
て頭角を現してきた。当時を振り返って、ル・モンド記者アラン・ロラは、ジャ
ン＝マリ・チバウが徐々にメディアとのコミュニケーションに慣れ、やがて堂々
と振る舞う、名実共にリーダーとなったと証言している（ロラとのインタ
ビュー、2014年5月12日於セト）。チバウが傑出したコミュニケーターであっ
たことを伝える意見である。

　メリアムは、指導者については、次のように述べている。

　「権力の基礎は、指導者の行動を条件づけている社会状況の中に、また、指
導者たちが自分自身の権威の基礎に逆らって行動することを困難に、あるいは
不可能にしている社会状況の中にこそ置かれているのである。指導者はたんに
それ自体で指導者であるというだけではなく、自らもその一部分を構成してい
る全状況の中で機能しているのである。」（メリアム 1986:46）。今日、独立運
動リーダーとしてフランス人に記憶される80年代のチバウにとって、ミッテ
ラン大統領からの後ろ盾、社会党の脱植民地路線が、全状況を構成していたこ

とになる。

　植民地統治の延長線上にあったヌーメア以外の地域、カナク居住区にフランスの標準自治体であるコミューン枠組みが導入されたのは、1969年である。言い換えると、カナク居住区での市議選2回目以降、ニューカレドニアでは独立を要求する候補者に支持が集まったコミューンが出始めた。独立を要求する集団は、右派政府からは反体制の烙印を捺される一方で、村長・村議らは、選挙で選ばれ正当性を確保し、着実に支持を伸ばしていた。ただし、人口ボリュームの点では、ヌーメアを含む白人の市町村長会のもとまとめられた人数が領土全体の3/4を占めたとのことで、簡単に代表性が認められたというわけではなかった。1981年時点で、社会党は、上述したメリアムの表現に従うならば、世界的に進行した「脱植民地化」をフランスでも実施することを謳い選挙協力を取り付けていたため、ミッテランの大統領就任後、脱植民地化のプライオリティを下げ問題解決、自決権を行使する投票を行わないのであれば、「嘘をつく」ことになった。当時上がっていた要求は、土地返還と独立である。しかし、フランスの首長が入植者からいきなり土地を取り上げることは、所有権をめぐる問題を引き起こすことになり、不可能であった。

　1981年に社会党政府が誕生したことで、現地では、いきなり（社会党と選挙協力をしていた）UC党書記局長が9月に暗殺され、時間的な余裕はなかった。

　制度変化において、他の事情が同じならば物事は変化しない。従ってある社会規範を背景に制度が安定している時には、変化が生じない。であるならば、事情が変わり、もはや同じ条件とはならない時、制度システムへの外因ショックが文脈を変える時、そのショックへの返答は、制度変化となる（P. Hall 1997）。メリアムは、政治権力が生じる時に関する考察で、プライオリティがあがる瞬間に触れている。プライオリティがあがる瞬間とは、政治権力をアクターが帯びたその時、である。

　従って、代表をめぐる出来事に注目すると、3点あげることができる。ひとつは、1982年の地方選挙により、ニューカレドニア領土政府副長にジャン＝マリ・チバウが選ばれたことである。カナク人独立派を代表する政治家が領土政府執行部に入ったのは、これが最初である。チバウは、選挙で選ばれた集団を代表する顔、フェスティバル・メラネシア2000で現代のカナク・コミュニティの姿を浮かび上がらせた研究者・演出家の顔および先住民カナク人を代表する顔を持っていた。第2に、1983年にニューカレドニアで初の、ヨーロッパ系入植者と子孫、先住民であるカナク人らの代表が、自治派とともに一堂に会し、

対話し、相互承認を行なった。先述した通り、5日間のナインヴィル=レ=ロッシュ円卓会議において、ニューカレドニアにおける「先住民」が「自決権」を行使する権利を持つと認められ、その投票からは、「歴史の犠牲者」とされた入植者らも含まれる原則が確認された。ただし、問題がなかったわけではない。社会党は、ミッテラン党書記局長の名で、大統領選に当選した暁にはニューカレドニアでの自決権投票の実施を約束すると記した手紙を独立派に渡していた。ナインヴィル=レ=ロッシュ円卓会議では領土におけるカナク人が先住民であることとともに、植民地である事実がフランス政府・独立派・反独立派によって認められた。共同宣言文書が討論の末準備されたことは、とても以前には考えられないことであった。しかし、最後のタイミングで、反独立派リーダーのラフレールが署名を拒んだ。理由について、ラフレールは、このミッテランの手紙を独立派リーダーのひとりであったマショロが初日に投げつけ席を離れた事件を挙げている（2008年4月25日報告会における筆者の報告に関して、ラフレールのコメント発言より）。宣言は、全代表の署名を得ることができなかったために発効しなかった。しかし、ふたつの出来事からは、コミューン制度導入とは別に、承認によってカナク人に政治権力が与えられていたと考えてよい。人々が失敗の記憶として分類するとはいえ、ナインヴィル=レ=ロッシュ円卓会議で共同宣言に至ったことは、1977年に分断が確定した状態に対して、アクターの相互承認と対話が始まり、各コミュニティが受け入れられる原則を削りだした点で有意義だった[5]。

　前章で述べた通り、84年11月からニューカレドニアでは対立が激化する。その火蓋を切ったのが、円卓会議でまとまった意見をもとに組み立てたことになっていた地位、法制に則る地方議会選挙（1984年11月18日）において、マショロが投票箱を斧で叩き割った事件である。投票箱は、第1章で紹介した通り、投票人定義によって、カナク人が必ずマイノリティとして位置付けられる合法的手続きの象徴である。この時以来の積極的な集団ボイコットには、カナク人民に押し付けられた入植植民地としての領土の位置付け、数の論理への憤

5　筆者は仲介者として主催した当時海外領土相だったジョルジュ・ルモワン、レオポール・ジョレディエ、イヴ・ティッサンディエをはじめ、当時の会議参加者への聞き取り調査を実施したが、多くの参加者にとって円卓会議は失敗として記憶されていた一方で、行政官ジャン・フェステンベールは、憲法的な合意点を見出し対話の出発点となったことに点に注意を喚起している。

りが込められている。そうでなければ、投票箱を叩き割っている真正面から撮影された写真があるわけがないのである。

　しかし、政治権の付与は、植民地へ認められる諸自由の中でも、とても重要な部分を占めていた。

　ここから、社会党政府によって、投票を使って決定を行い、脱植民地化を進める段階的脱植民地化─共和主義─が組み立てられることになる。第3が、先述した3州の代表を独立派が占めた事である。

　同時に、反独立派・独立派のいずれも、選挙で勝って、すなわち支持者を明示し正当性を整えながら、発言し、行為を重ねていった。政治過程自体が投票の重要性に根ざしていた。

　ロカールは、1988年に首班に指名された直後に、対話ミッションを現地に送り込む。この時、意識してロカールが選んだ方法は、宗教団体を代表するミッション団を組み立てることであった。政治家のクリスチアン・ブランを団長としたキリスト教（カトリック、プロテスタント）、フリーメイソンらからなる使節団を送り、現地で広範な聞き取りを実施した上で、別途、カトリックの信者である独立派代表のチバウとロカールと同じプロテスタントの信者である反独立派代表のラフレールを首相府に招き、意見を聞いている[6]。こうした準備ののち、1988年6月25-26日に首相府に独立派代表団、反独立派代表団、行政担当者を集め、徹夜の交渉を行わせて、行政区の区画線引きから地方交付金の割合まで調整を行った。マティニオン協定ができ上がった。

　レファレンダムは、交渉結果を固め、後戻りさせないために行われた。

　加えて、フランス全体の投票とは分けてニューカレドニアでこの方向性を示す法文に対して投票が行われた。「共和国大統領によってフランス人民の前に示された、ニューカレドニアの自決を準備する地位措置に関する法案をあなたは認めますか？」この問いに対して、有権者の62.41%である55,784人が投票を行った。賛成は、全有権者の32.76%、反対は全有権者の24.69%であった。

6　この間のやりとりについては、フランス首相府の公文書閲覧による。
7　1987年の住民投票では、質問は以下の通りである：
あなたはニューカレドニアが独立国となることを求めますか、それともフランス共和国にとどまることを求めますか？
1．私はニューカレドニアが独立国になることを求めます
2．私はニューカレドニアがフランス共和国にとどまることを求めます

　このスコアは、しかし、保革共存内閣時1987年9月13日にシラク首相が強行した「独立をめぐる自決投票」（59.10％の投票率で独立への反対が98.30％）とはかなり異なる数字である[7]。

　前述した通り、ヌーメア協定過程では、ヌーメア協定の交渉・調印のあと、ニューカレドニアで住民投票を行なっている。

　ヌーメア過程後を見定める2010年代には、権限委譲についての決定者選出に関してと同様に、自決権を行使し独立か否かをめぐって3回実施される「レファレンダム」の有権者定義が重要課題として問われた。

　脱植民地化過程を見直すと、結果として、レファレンダムが国政および地方選挙と組み合わされ、世界でも類をみない実験が実施されたのである。さらには、2回の協定締結の形で、先住民カナク人がフランス政府の交渉相手として承認され過程が構築されることで、また行政の現場で綿密な制度設計が行われ投票による承認によって、後戻りしない脱植民地化が実現している。驚くべきことは、甚だしい対立激化とその頂点とも言える人質事件の数ヶ月後に締結されたマティニオン協定によって、事態が沈静化し、「ヌーメア協定」を介して、民主主義の象徴である「投票箱」が叩きわられた1984年から34年後、2018年から独立をめぐる投票自体が、大きな政治的岐路ではなく、多くの人にとって現状の確認に過ぎなくなるほどに情勢が安定したことであった。80年代の状況が、一種のテロリズムに見舞われているだけに、その後の事態の沈静・安定は印象的である。この「承認」によって、成功する「脱植民地化」が導かれていることは注目に値する。

4.3「不確かな境界」を置くことによる合意形成：メラネシア人をプレイヤーにする

　1982年10月5日の閣議で、共和国大統領に宛てた報告書の形で、前項であげた政令（オルドナンス）のうち、メラネシア人に関する差別是正制度の枠組みについて3点、説明がなされている。

　「第1審民事裁判所および控訴裁判所と連携している慣習評議員（assasseur coutumier）を置く政令」の目的は、特別地位市民間で対立する係争の際に、あるいは上告に際して、慣習権威（シェフェリー）が調停することを公式に認めること；第1審民事裁判所判事のもとで調停が失敗した時にこれらの係争が起きていることに慣習権威を追加することによって補うことである。

　この慣習評議員メンバーは、検事総長の提案により、毎年構成されるそれぞ

れの慣習グループの最低5評議員リストから、権限を与えられている裁判所長官がオルドナンスによって指名する。

　「土地改革事務所（Office foncier）は、メラネシア・コミュニティと植民地化によってできたコミュニティの間の不公平な土地配分の結果、土地がニューカレドニアにおいて重要な問題となっていることについて、国しか解決ができないとの観点から設置された。オルドナンスには、要求がある土地問題の解決に、メラネシア人の参画を可能とする措置が含まれている。個人の所有となっている土地について、国が買取りメラネシア・コミュニティに戻す作業に土地改革事務所が介入し、フィジー、ソロモン諸島で成功しているやり方に類似した方法でメラネシア人とヨーロッパ人の権益についての移行を行い、慣習区画地を再現する。実際に、ジスカールデスタン大統領期ジウ法のもと土地の先取り、収用の権利を使い、土地をメラネシア人に再配分し、農業地区開発のため彼らの支援を行ってきた。メラネシア人が使うとならない土地は、別のエスニック集団に事務所経由で貸して、賃貸契約の形でメラネシア慣習法が承認される。

　次に、なすべき象徴的な行為がなされたとしたら、それはメラネシア人の文化的アイデンティティへの承認である。1982年当時に、「カナク文化、科学、技術事務所」が設置された背景には、カナク人が彼らの「存在」を示そうとしたことがある。彼らの文化尊厳の要求は、国の公的機関である「カナク文化・科学・技術事務所」の設立をもって受け止められた。というのは、メラネシア文化が存在していると示す必要があったが、その要求の承認は国によってしかなされえず、メラネシア人らは、地域（ニューカレドニア）では西洋文化の中に彼らの文化を溶かすことしか考えられていないと危惧していた。本事務所は、第1に、メラネシア人の文化遺産を保存・発展させること、第

酋長の家。グランド・テール島にて。

カナク村の風景（グランド・テール島）

2に、メラネシア文化発展政策を請け負うこと、領土の他のコミュニティの文化に属する文化的な取り組みに参加することである。

このために、慣習権威を守っている慣習エキスパートからなる評議会、メラネシア史研究のヨーロッパ人専門家が含まれる科学委員会、若いメラネシア人代表から構成される文化委員会が、諮問のため置かれた。

「島内・島嶼部開発事務所」は、ニューカレドニアでも都市化されたヌーメアと本島内陸部および島嶼部の深刻な経済格差を是正するために置かれている。国の機関だが、国、領土、コミューンおよび慣習権威のそれぞれ代表と組んで、領土全体、特に行政評議会の提案によって高等弁務官が決定した本島内陸部・島嶼部の恵まれていない地区について活動する。交付金、補助金、特別手当などをもとに、あるいは企業にそこでの職業訓練を行わせる形での参加を得て、開発計画をたてる。ヌーメアと他地域、ヨーロッパ人コミュニティと他の社会的不平等、経済格差是正の手段と位置付けられている。

島には、第1章で示した通り、普通法のもとに置かれている民事身分と、慣習規則に基づいた地域法の民事身分がある。提案報告では、「慣習評議員が司法の手続きに入ることで、その当時、現地法の民事身分のもとにある人たちに関する係争は慣習法権威者がダイレクトに関わり、解決を模索していた。このニューカレドニア議会の合意をえたオルドナンス案は、慣習の係争は、以後、専門の行政官によって裁かれることになる。地域特別法のもとにおかれている民事身分の市民について、司法の枠組み・機能に参加を促す手続きは、とても複雑な、そのほとんどが口承でそれが故に当地に配属された専門行政官にとってアクセスが難しかったメアラネシア慣習の性質によって、正当化される」と、大統領に法案について報告されている。特に、慣習権威が、調停を行う役割を担っていることに注意が喚起されている。「土地事務所」に関しては、植民地事業のために土地がメラネシア人コミュニティとそれ以外の人たちの間で不平等に分けられていたことにダイレクト

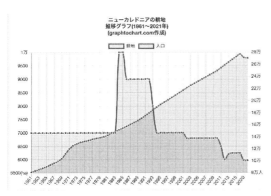

ニューカレドニアの耕地
推移グラフ(1961〜2021年)
(graphtochart.com作成)

https://graphtochart.com/agriculture/new-caledonia-arable-land-hectares.php

に言及し、同時にメラネシア・コミュニティにとって、敷地とはそのまわりで社会関係全体が組織されており、そこからは個人所有という概念は外されている。彼らにとって、いっそう目障りなのは、ヨーロッパ人個人所有の土地が40万haであり、彼らの置かれている場所はというと居留地でありしかるべき組織機能が発揮できていないという点である。ここから生じるメラネシア人の不満が、土地占拠へと向かい、法と権利についての考え方が著しく異なるコミュニティ間の対立にならないために、土地問題を解決すべきであると、メラネシア人の諸権利を私有権を守りながら承認するものである。これは歴史的に作られた状況に対して初めての措置となると説明された。そのために、事務所は、慣習法を認めると同時にその保持者に見返り払込みを実現する、諸パートナー間で長期賃貸契約を組む可能性を与えられる。もうひとつには、事務所の活動によって、領土のもつ資源の効果的な開発政策に貢献する必要がある。

　最後に、政府がニューカレドニアで取り組む改革の中でも、メラネシア人のアイデンティティを認めることは主要な問題である。メラネシア社会の特殊性の考慮なしには、この領土で、どのような形で介入しても変化は続かない。過去にとどめおくのではなく、かれらの独自の価値を保存・開発しながら近代性によって得られるものを統合させて未来を自由にする、手段を提供しなければならない。メラネシア・コミュニティは、国の公的機関の形を構成した文化・科学・技術センターの創設にとてもこだわっている。その事務所は、経済発展および土地問題解決と不可分で、メラネシア文化発展政策に携り、カナク文化、その社会におけるプロモーション、保存および文化遺産に関する研究活動を定義する。また、博物館、メラネシア言語に関する部局、考古学部局、伝統音楽のアトリエ、アートセンター、社会教育、コミューンの文化センターなど、メラネシア文化制度・機関について、プロモーション、外部へ開示するとともに発展させるミッションのもと、調整する。文化・科学・技術センターは、慣習にまつわることに特化した機関ではなく、逆に、伝統社会の基盤・メラネシア人がこだわっている価値と現代世界のはしわたしを行う。

　10月の４つのオルドンアンスによって、達成する目的とは、国、領土、コミューン、慣習権威が発展活動を練り上げるためしなやかな諸様式で、協力することにある。各事務所は、現実的かつ全体を協調させた地域プランを準備することとなり、そのために４者の結合のみから、ニューカレドニアの経済・社会平準化を実現することが可能となろう。また、事務所は、本島内部・島嶼部の発展活動の推進力となるとともに調整と同等の構造となるだろう[8]。

　このプロセスの後、「慣習」は、フランス司法に組み込まれたのである。植民地事業のもと歴史的に作られた「部族」（ニューカレドニア統治のため新たに300区の区分けを行い総督が代表となる部族長を任命した）、酋長制およびコミューンの関係が調整された。同時に、土地が変換され、古い時代の言語区分図をもとに、各酋長・エスニック集団と土地とのつながりが回復された。

　その上に、上述したヌーメア協定の前文宣言が置かれる1998年、これらのオルドナンスを受けてできた事務所は、確かに、保革共存期（1986-1988年）骨抜きになったが、続くロカール内閣のもと再構成され、加えて、カナク文化開発局（Agence de Développement de la Culture Kanak）が、ミッテラン大統領のフランス革命200周年を記念する10事業のひとつとして準備された展覧会「翡翠と真珠（De Jade et de Nacre）」の準備段階で整備され、それは、1998年のチバウ文化センター建設へと連なる太い柱になっている。

　80年代に、慣習権威を法的に認め、カナク文化アイデンティティを支える制度を構築したことの上に、方向性としてヌーメア協定では、方針文の第1章が「カナク・アイデンティティ」に割かれている。1853年の領有化、植民地化か

レンゾ・ピアノが設計し1998年にオープンしたチバウ文化センター。フランス国立図書館HPより（©レンゾ・ピアノ財団; Pierre Alain Pantz撮影）。

ら「共同の運命」を掲げるまでの歴史的な出来事を諸コミュニティが文言として承認すると調整・交渉の上宣言された前文のあと、方針文第1章は、「ニューカレドニアの政治・社会組織は、カナク・アイデンティティをより考慮しなければならない」との一文から始まる。ここで、第1項、82年以来構築された人の地位、第2項「慣習法」およびその構成、第3項「文化遺産」として、「場所の名前」、「文化オブジェ」、「言語」（カナクの言語はフランス語同様に学校で学ぶことができ、学校・メディアにおける位置付けについては考察の対象とする）、「文化発展」とともに、この項の最後に、「チバウ文化センター」について、「カナク文化の威光（rayonnement）の主軸たる役割が十全に果たされるよう、国が技術協力と財政支援を担当する」ことが謳われている。"rayonnement"

8　フォンテーヌブロー内務省公文書1987083/art.10

という単語は、なお、2000年に面会したフランス海外領土省文化担当官が、面会時に、海外領土は「フランスの威光（rayonnement de la France）」に貢献すると口を滑らしていたことを記憶しているが、ここでの使われ方は、かなり違っている。最後に、第４項として、「土地」にカナク人がどのようにつながっているのか、仔細に記されている。「いずれのカナク人も特定の土地との関係で自らのアイデンティティを規定している。」この文言から始まり、「土地事務所」が発展した国営の「農村開発および土地整備局（Agence de développement rural et d'aménagement foncier)」によって、土地配分、開発および土地改革のさらなる推進に関わるとともに、問題があったときに介入することが謳われている。そして、第１条の最後に、「名前」、「旗」「国歌」、「スローガン」、「通貨の文様」、これらのシンボルは、第一に、カナク・アイデンティティを表現するためにかつ未来にみなで共有されるよう共同で話し合われなければならないと定められている。

　現在、旗については、明文化されていないが、前述した通り、保守党のフランソワ・フィヨン首相が2010年に公式に来島した際に、高等弁務官庁前にフランスの三色旗とカナク独立派の５色旗を掲げて以来、事実として、各コミューンで、２つの旗が掲げられている。また、運転免許証には、「はずすべきだ」と主張する政治家がいるとはいえ、事実として、トリコロールとカナク旗が刷り込まれている。

トリコロールとカナク旗がはためいている
ニューカレドニア高等弁務官事務所HPより）

　旗は実際に合意形成の機会がもたれていないため、このあと変わるかもしれない。しかし、現時点で、国連文書ではすでにニューカレドニアの「国名」が「カナキー＝ニューカレドニア

ニューカレドニアの運転免許証にはふたつの
旗が刷り込まれている

（Kanaky-Nouvelle-Calédonie)」とされており、スローガン（「言葉の地、共有の地」)、「国歌」（「ともにあろう、兄弟姉妹になろう」）は合同議会で決められている。

　その合同議会、合同議会の議員を選ぶ投票の仕組みには、部の選挙同様に、

2000年に制定されたパリテ法が適用されることに[9]、憲法院の判断によりなっている。パリテ法により、人口3500人以上の本土県のコミューン・州と同様に、部選挙、合同議会選挙では、候補者リストに男女が交互に記載されなければならず、結果として、女性が政治に多数参画することになる。こうした、本土制度が適用となることは、慣習のもと表に現れてこないはずの女性の社会進出の点で、ジェンダー・イクオリティを促す。

　ここで、第2章の冒頭にあげたひとつの問いに戻ろう。ニューカレドニアは、今日、フランスから完全に独立することにメリットがあるのか？

　筆者は、答えは出せないと考える。民主主義を「一人1票」と、頭ごなしに突き放した80年代とは違ってきている。動機として「独立」を掲げ、感情の政治のひとつの表れが、選挙での闘いだったが、その結果として、数々の交渉が実現し、経済発展のための鉱床が与えられついでヌーメア協定が実現し、南太平洋でもとても豊かな地域となった。女性の権利については、日本を含む太平洋圏でも有数の「国」として社会プロモーションが始まるのは時間の問題ではないだろうか。

　また、80年代に、ジャーナリスト、フランス全国メディアのみならず世界各地のメディアがニューカレドニアの独立問題についてスペースを割き、進展を注視していきた。逆に、今日までの発展は、独立派の粘り強い闘いに加え、そうしたメディアの働きがなければ実現できなかったかもしれない。

　いずれにしても、多くの人が、カナク人がプレイヤーとなることを注視する中、ヌーメア協定最後のステップである3回の投票のあと、ひとつの出来事があったことを紹介し、本章を終わりにしたい。

　2023年9月24日、反独立派のもっとも熱烈な信奉者であるソニア・バケス[Sonia Bakès: 1976- ; UMP集合党と共和党連合支持（Rassemblement-Les Républicain)]が、上院議員選挙で破れた。彼女は、2019年から南部代表を務め、2022年7月からはボルヌ[Élisabeth Borne: 1961-]首相のもと市民権に関する国務長官を務めていた。紙の上では反独立派330名と230名を切る独立派を選挙人とする投票なので、圧勝と考えられていた。彼女が敗れた相手は、FLNKSの

9　2000年に制定されたパリテ法の正式名称は、「選挙による議員職及び選挙によって任命される公職への男女の均等なアクセスを促進する2000年6月6日法律」（Loi no.2000-493 du 6 juin 2000 tendant à favoriser l'égal accès des femmes et des hommes aux mandats électraux et fonctions électives）

統一候補、ロベール・ゾウィ[Robert Xowie: 1962- ; FLNKS]で、ニューカレドニア市長会長でもある。もうひとりの元老院議員ジョルジュ・ナチュレル[Georges Naturel: 1955- ; 共和国集合党Rassemblement-UMP]とは、ナチュレルが村長であるダンベアとゾウィが村長であるリフが姉妹友好村協定を結んでいることでも知られている。このあと、「共和国における」領土の地位をめぐる議論が続いている。

ヌーメア協定の準備段階で、植民地主義の過去の明文化を含む前文を要求したのはロック・ワミタンである。ラ・コンセプション部族長。2011年から2012年、2013年から2014年、また2019年から合同議会長。独立派先住民として初めて代表を務めた。

5年前には、ニューカレドニアに住むワリス人たちの支持を集める「オセアニアの目覚め（Eveil océanien）」党の票が、反独立派から独立派に流れたことで、独立派の合同議会議長にFLNKS-UCのロック・ワミタンを就任させ、「独立派でも反独立派でもない」彼らの存在感が高まった。同様に、領土政府には、独立派のルイ・マプー[Louis Maou : 1958- ; FLNKS-UC]が就任している。

　彼ら「代表」は、シンボルでもある。シンボルは、第1に、政治の課題が何であるかを提示する、操作対象で、第2に、特定の政治権力を正当化したり、非難したりする場合に用いられる権威的なシンボル、そして第3には、人々を動員する機能を持つ（吉田 2014:48-49）。忘れてはいけないのは、合同議会も、南部・北部・島嶼部議員を合わせた合同議会選挙人も、基本的には、反独立派の多数派からなる状態で、近年のニューカレドニアでは、こうした、投票による方向性をめぐるコントロールが実現している点である。

　もう一つ指摘できることは、ボイコットは1980年代のような制度の外で集団の存在を誇示する形ではなされなくなっており、しかも、投票率は、いずれの選挙でも低くはない点である。

おわりに
　ニューカレドニアとフランスとの関係は、必ずしも共和国が唯一、不可分で

はない[10]ことを表す機会となってきた[11]。2018年11月4日からニューカレドニアで実施された3回の住民投票に至る過程は、境界（値）設定と討論を重ねる投票制度化の事例研究として意義がある。EC統合/EU拡大およびその過程におけるユーゴスラビア紛争解決と同時並行してすすめられたフランスと南太平洋領の関係を事例に、脱植民地化における境界と投票の役割に注目し、オラル・ヒストリーを収集し検討した議論を通じて、全体を貫く問いがふたつある：第1に、「不確かな境界の役割とは何か」、第2には、なぜ不確かな境界なのか。それはどのように活用され、その結果、何がもたらされたのか。

　制度変化は、ある社会規範を背景に制度が変わり、事情が同じ条件とはならないとき起きる。国際社会の状況が変化し国内野党であった社会党、大統領・国民議会多数派となったソシアリストが、外因ショックとして脱植民地の必要性を認めた中で、文脈が変わることにより、ニューカレドニアでは、政治的地位をめぐる「不確かな境界」は、投票によってコミュニティのまとまりを顕在させ、アイデンティティの外壁をなすこととなった。それが、植民地主義のもと尊厳を損なわれた状態に起因する憤りと、ある歴史観を共有することで起爆剤となり、大きなコミュニティの利益の表出を可能にした。共和国の中に、共和主義の恩恵である「平等」に浴さなかったコミュニティができ、フィードバックは紛争であった。

　しかし、カナク人の行動、呼びかけは、本土フランスの人たちも共鳴させることができた。それはなぜだったのか？

　共和国では、政治的教養とその育成のための教育によって、価値が共有される。政治的教養とは、「合意された手段」を使いこなすための知識と技術とともに、それらの知識・技術を政治行動に結びつける価値をも視野にいれたものである（渡邊 2017:52）。80年代の取り組みは、共和国の政治教養に真っ向から対立するマイノリティをめぐる価値が地球の裏側でまかり通っていることを、メディアが、とりわけ大統領選キャンペーンを通して、白日のもとに晒し、フランス市民の間にエンパシーをかき立てた。その表れが、1400万人もの人がレファレンダムに出向いたというスコアである。棄権率の高さに注目するの

---

10 マクロン大統領は、コルシカ独立運動への対応の文脈で、「共和国の一体性は、特に海外領土で、多くの例外が分かっている原則である」と述べている（*Le Monde*, 23/09/2023）
11 Sabine Dullin"Le réveil des frontiers intérieures," *Les frontières.Le Pouvoir*,no.165, p.25.

ではなく、テーマが20万人ほどの島の脱植民地化であるにも関わらず、動員率の高さに注目するべきであろう。

フランスは、共和国である。共和国について、ルソーは、次のように述べている：

> わたしは、だから、法によって治められる国家をその行政の形式がどんなものであろうとすべて、共和国とよぶ。なぜなら、その場合にいてのみ、公の利益が支配し、公の事がらが軽んぜられないから。すべて合法的な政府は共和的である。政府とは何であるかは、あとで説明することにする。
>
> この言葉によって、わたしは、貴族政または民主政だけを意味しているのではない。一般に、一般意志―すなわち法―によって導かれるすべての政府を指している。合法的であるためには、政府は主権者と混同されてはならず、主権者のしもべでなければならない。この場合、君主政そのものさえ共和的となる。

『社会契約論』が出版されたのは1762年、ジャン＝ジャック・ルソーはフランス革命を見ずに亡くなった。イギリス労働党の学者キングスレイ・マーチンは、有史以来、人間の歴史にもっとも大きな影響をあたえた本として、『聖書』、『資本論』と並んで『社会契約論』をあげていることを、日本語版訳者の桑原武夫が紹介している[12]。

共和国とは、共和制をとる国家であり、共和制（republic）とは主権が国民にあり、国民の代表者たちが合議制で政治を行う体制である。国民が直接・間接の選挙で国の元首を選ぶことを原則とする（『大辞泉』）。広辞苑では、「共和制（republic）」とは「主権が国民にあり、国民の選んだ代表者たちが合議で政治を行う体制。国民が直接・間接の選挙で国の元首を選ぶことを原則とする」と記載されている。

しかし、フランス語の辞典『ル・ロベール』には、次のような記載がある：国家の首長が、世襲ではない、権力を持つものがたった一人ではない政府の形態である。そのように統治されている国家を（共和国と）いう。辞典『ラルース』では、政治組織の形態を指し、そこでは、権力保持者は、社会の全体（corps

---

12 桑原武夫「まえがき」ジャン＝ジャック・ルソー『社会契約論』岩波書店 1954年。

social) から委任を受けたために権力を行使する。この意味で、「共和国」は、「君主制」と対立するが、例えば、仮に、選挙権が制限されることもあって、「民主主義」とごちゃまぜになってはいけない。

　フランスは、1793 年以来この国家形態である。

　この語について、ここで、フランス語文化辞典を参考にしながら見ていきたい。古典古代以来、意味が問われる時、ラテン語の表現 res publica をあげ、「公的なことがら」を指すと、著者は語源を示し、いかなる制度的な形であれども政治共同体を表す一般的な語と表現している。この角度から語が使われている著作として、マキャベッリ『君主論』があげられる。しかし、そうした「国」と同義の使われ方に対して、権力が「世襲」的に移行する形を排除した、狭い意味で使われるようになっている。これには、フランス革命が無関係ではない。共和国とは、「王政でない」ことを指し、この語は、ギリシャ語には相応の語が存在していない。例えば、プラトンの著作はフランス語では『共和国』として知られるが、言語における語の意味するところを書かれた内容から察するに、原題（Politeia）では政治的なユートピアが描かれていて、タイトルをそのままフランス語に訳すと「憲法的な組織あるいは法治国家」となり翻訳としては「憲法（Constitution）」が適切となる。politeia あるいは res publica を継承した一般的な「国」は、主権論のボダンにも見られる。原題的な意味は、18 世紀にならなければ現れてこない。ルソーにおいても、「共和国」を正当な憲法的組織、つまり人民の主権（一般意志）に基づく構成体とし、その技術的組織、権力がいかなるものかを問わない。ルソーにあっては、大事なことは、執行権力は人民に帰属していることであり、立法権力は人民に帰属する以外あり得ないという点である。

　フランス革命期、王政が廃され、共和国の柱に、唯一、主権者である人民に選ばれた議員が立ち現われた。しかし、歴史は、すんなり進んだわけではない。フランスの共和主義者には、爾来、共和国にはふたつの敵ができたことになった。王政と帝政である[13]。そして共和国が、植民地の存在を否定してこなかったことも忘れてはならない。一番広い時期、1920 年代には、帝国は世界の 5 洋におよび、植民地統治下の人口は 1 億 2 千万人を超えた。植民地の多くは、

---

13 Gérard Soulier "REPUBLIQUE", Alain Ray (sous la dir. de) *Dictoinnaire culturel en langue française* (tom3) Le Robert, 2005, pp.199-201.

1960年代から80年代にかけて、フランスから独立し主権国となっていった。この時期、居留地移動を繰り返し、先住民カナク人がとても悲惨な状況にあったことは、第1章で述べた。

　本論は、フランスが、「共和国」として、「植民地帝国」から整合性のあるそれへと変化する過程として、ニューカレドニア脱植民地化を取り上げている。

　本章で取り上げた通り、最初の法治国家としての作業は、「慣習」を共和国の法律に組み込む作業であった。口承で物事をすすめる慣習法権威を、司法の中に組み込む1980年代の制度変化の延長に、今日、フランス大統領がニューカレドニアを訪れる際にも、必ず、慣習参事会代表と慣習儀礼を交わすことがある通り、「象徴」は、脱植民地過程で共和主義に組み入れられている。これを支えるのは、憲法的価値を保持しているヌーメア協定である。

　しかし、同時に、「植民地であったことを認める」作業から、課題を丁寧に解決してきた結果、上院議員として活躍しうるプロフィールの二人目のカナク人が現れた（一人目のルイコットは右派、反独立派である）。長い時間をかけた脱植民地、平準化は、関心対象として、脱植民地に人々を引きつけ続ける必要がある。必ず、選挙で代表を選び、合意過程を作り出し前に進めるニューカレドニアの脱植民地化過程は、蜂起の時代に逆戻りせずに、本国政府、諸政党の協力のもと、人口20万人程度の島について、共和国との整合性を、あるいは、国際社会における主権国を作り上げなければならない。この過程で、筆者は、「象徴」の持つ意味は無ではないと感じている。この文脈での象徴は、前述した慣習儀礼であり、あるいは殺された独立派リーダーであるチバウへのオマージュが、協定過程を対話の相手がいないまますすめた反独立派ラフレールとともに、捧げられる2023年6月の「広場の開設」の儀式であるかもしれない。

　象徴とは、「感情の表出、表現の対象に向けられた行為などを受け入れる容器、またそれらが向かう対象」であると、『代表の概念』作者のピトキンは述べる（ピトキン 2017:132）

　共和国への信頼は、長い植民地主義の後、とりわけ投票箱が斧で割られたあと、また、兵が地域の事件の鎮圧に送り込まれたことで、とても揺らいでいたと考えるべきである。この時、首相になったロカールは、行政官ではなく、宗教団体を代表する人物に聞き取り、ひいては仲介者としての任にあたらせた。その聞き取り内容をもとに、今度はチバウ、ラフレールをパリに呼び自身聞き取りを行い（6月15日）、交渉を続け、ガバナンスを保証するために和平調停を行い、また政治制度を逆戻りさせないために国民投票を行ってもいる。「チ

バウに出会って得たものは何ですか？」と尋ねたことがある。ロカールは、「和平調停を行う喜び」と答えた（筆者によるインタビュー、2007年3月9日於パリ）。

　フランスの施政者は、「一般意志」である法の力と「投票」をめぐる共和国の制度、「伝統」に賭けたのである。「伝統」とは、市民は共和主義に共振するという伝統である。

マクロン大統領のニューカレドニア北部トホ訪問時の慣習儀礼の模様（2023年7月25日）。
RAPHAEL LAFARGUE / AFP https://www.lemonde.fr/politique/article/2023/07/25/nouvelle-caledonie-macron-annonce-une-reforme-constitutionnelle-le-consensus-reste-a-trouver_6183360_823448.html

あとがき
「フランスの外のフランス」

> しかし、少なくとも、人は、歴史に敬意を持ち、また
> 認めることを知る知恵/英知があるべきではないか?
> Mais faut-il au moins qu'on ait la sagesse de savoir
> saluer l'histoire et la reconnaître.
>
> Aimé Césaire

　フェルナン・ブローデル[Fernand Braudel: 1902-1985]は、『フランスのア イデンティティ(*Identité de la France*)』の冒頭で、フランスに対する自身の ゆるぐことのない愛と、「その熱情は、これから始まる叙述には決して介入す ることはない」ことを宣言している。構想によると、『フランスのアイデンティ ティ』には、通常国際関係史の立証範囲を大きくはみ出す「フランスの外のフ ランス(la France hors de France)」と題された第4部が含まれるはずであった。 はずであったというのは、構想が示されている1981年の序文が書かれた4年 後、1985年にブローデルは亡くなり、『フランスのアイデンティティ』は、第 1部「空間と歴史」、第2部「人間ともの」のみ出版された、未完の絶筆の書 となったからである。

　ブローデルがフランスに注ぐ愛を前もって宣言することなしに書くことがで きないフランスの歴史とは何だったのか。フランスのアイデンティティを語る 上で結論を導くにあたり展開されるはずであったテーマ「フランスの外のフラ ンス」に着想を借りて、本研究をまとめたい。

　田中治男は、『フランス革命と周辺国家』において1989年のフランス革命 200周年にちなんだ諸研究、とりわけパリで議論されたフランス革命の対外的 関連についての研究を紹介するにあたり、次のように述べている。「自由・平等・ 博愛を原理とする普遍的人権思想が、その実践において、いやその実質的解放 の面において、どれだけ普遍的な適用を保証するものであったかということに ついては、フランス革命の現実的過程を再検討する中で考え直すべき多くのも のを含んでいるであろう」。

　ハイチの独立は、最初にフランス革命がもつ普遍的人権思想の試金石となっ た例である。ハイチは、コロンブスによる「発見」の後スペイン領としてヒス パニョラ島と名付けられ、1501年には黒人奴隷が導入されていた。1660年代

にはフランスの領有が進みサン・ドマングと名付けられ、奴隷制に基づく砂糖プランテーション経済を背景に、フランス領随一の利益を生み出す植民地となった。フランス革命のぼっ発とともに、色の違いに根ざす身分制度の廃止と黒人奴隷の解放をめぐり繰り広げられた多次元にわたる紛争を経て、1804年、共和国として独立を宣言する。この間、やはりフランス領として1685年に黒人法典が定められて以来、奴隷制度が実施されていたマルティニーク島では、入植者が、奴隷制度維持のために、イギリス領となることを選び、奴隷制廃止は実施されなかった。革命期のフランス-カリブ植民地関係を今日から振り返るなら、フランスは革命を期に王に主権がある国家から国民主権国家へ、市民を定義することによる法治国家樹立に行きついた一方で、以後の植民地維持を可能とする、行政組織と法体系を確立した。そしていったん植民地と定められた地域は、固有の国を構成して国家間システムに場を占めるには、植民地独立を促す国が次々に加盟した国連が国際社会で重要な承認するアクターとなり、かつ冷戦を背景に、地域統合の進む20世紀後半まで待たなければならなかった。

　2003年4月7日は、フランス革命時にサン・ドマングの独立を導いたトゥッサン・ルーヴェルチュール[Toussaint Louverture: 1743-1803]が獄中で亡くなって200周年にあたる。この日、ハイチ大統領アリスティッド（Jean-Bertrand Aristide）は、奴隷制に対する賠償とハイチの独立承認と引き換えにフランスに支払ったコロンへの補償金の返還を理由に、21,685,135,571ドル48セントをフランスに要求した。この問題について、2004年1月、レジス・ドゥブレ[Régis Debray: 1940-]を団長とするフランス外務省付け旧植民地委員会が準備した報告書では、「ハイチはフランスの歴史の一部であるが、その記憶にほとんど存在していない」ことが指摘され[1]、委員会は2003年のアルジェリアと同様の扱

---

[1]　ドゥブレは、フランスにとってハイチとの関係は、そのひとつひとつがフランスが自身との関係―共和国と植民地・立憲制・帝国それぞれの過去との関係、フランス大西洋沿岸の美しい都市と奴隷貿易及び三角貿易の関係、近代性の記憶喪失と黒人法典及び奴隷を積んだ帆装船の関係を想起している―を危険にさらすデリケートで感情的かつ伸縮性の強いものであると述べている。
Rapport au Ministre des affaires étrangères, M. Dominique de Villepin, du Comité indépendant de réflexion et de propositions sur les relations Franco-Haïtiennes, janvier 2004, p.11.
[2]　Paulo A. Paranagua,"Régis Debray propose le déblocage de l'aide à Haïti", *Le Monde* 29/01/2004: "une logique de solidarité et non de remboursement". "Oui au devoir de mémoire", "non au ressassement".

いで、賠償ではなく「記憶の義務を果たす」必要と援助再開を提案した[2]。ただし、この要求に、アメリカの弁護士が関わっていたという話は興味深い。

　ハイチは、今日世界に存在する独立国の中で、唯一、独立を植民地国から買った、奴隷の自由に代金を支払った国である。1960年の脱植民地化の大きな流れ、90年代東欧諸国のロシアからの脱植民地化を経た今日から振り返ると不思議に思われるが、200年前にハイチが果たそうとした宗主国フランスからの独立と脱植民地化は、かなり困難な野望であった。革命によって主権の座についた新たなフランス施政者にとって、大アンティル諸島のその島は、地理的な戦略性（アメリカ地域にあって、イギリス領、スペイン領、合衆国と隣接する）とともに領土の経済面での重要性から[3]、理想主義から取り扱えるようなしろものではなかった。だから、早々に植民地に対する主権が宣言され、普遍的に原則を行き渡らせることをめぐり革命期間を通して議論が続いたのである。奴隷に主権への道を開くことは、アメリカ地域のすべての社会秩序に加え三角貿易システムを不成立にし、それは、当時の国際社会を構成していた国々のいずれにとっても不都合であった。領域国家主権の王から人民への移管を求めた当時の政治家の多くは、植民地を行き渡らせることはしなかった。彼らは、主権の及ぶ領域について、対外関係における管轄権の限界を定義するそれまでの慣習を踏襲する一方で、主権者の定義を国家の自由な統治に委ね、領域国家からなる国際関係の普遍化を追求した。王制から共和制に移管する中、植民地の利便性は、国庫をうるおすためにむしろ必要不可欠であった。当時の施政者の議論に、集団としての黒人奴隷を、同じ市民とみなそうとした気配はない。

　しかし、フランス大革命期の共和制から、法が「フィクションをかける」仕組みであることがうかがえる。

　奴隷制と奴隷貿易を背景として行われた遠隔地貿易は、徐々に内容を変えつつも、海運力の充実という形で19世紀の帝国割拠の時代を準備した。奴隷貿易と奴隷制の全面廃止は、砂糖大根による砂糖生産との競合にさらされながらも、サトウキビ栽培に適した土地がほぼなくなる、キューバによる奴隷制廃止の1886年まで実現しなかった。

　興味深いのは、大航海時代同様に、帝国主義の時代の続きに現代もある点で

3　ブローデルは、1788年のフランス対アンティル地域輸出が、総額2億1千万tournois、当時の全フランス対外貿易の1/3を占めていたとしている（Braudel 385）。

ある。フランス共和国が、国民国家としての顔を持ちつつも今日まで海外領土を維持してきた事実は、偶然とか、歴史的な帰結と片付けられない。フランス共和国が、国家戦略として、植民地/海外領土を保持すると定めてきた近代国家であったことは、植民地を独立させることを国家戦略としたイギリスとのコントラストからも明らかである。もちろん戦略的に小さな島々からなる海外領土の維持には、冷戦期のコストとメリットをはかりにかける視点があったことは無視できないが。

　フランス革命が近代の主権国家システム形成において果たした制度的役割は小さいものではなく、とりわけ、フランス革命期に実現した国民国家の考え方は、今日まで、近代的な主権国家モデルとして、フランスを超えて広く共有されている。国内制度面での表現は、「唯一、不可分」を標榜する共和主義原理である[4]。そして今、フランスでは、特定のエスニック集団を対象に、特別の制度枠組を与えない国是で、テロ事件が頻発するところにきていることは、看過できない[5]。ここで念頭に置かれている集団とは、フランス国籍を持つイスラム教を背景とするアルジェリア・アフリカ系など移民の子孫である。

　海外県については別のところで述べたので詳しく紹介しないが、これに対して、海外領では、特定の宗教のみならず、慣習をはじめとする背景、過去の遺産をリアリティと認めた多文化主義的な政策、制度の運用が実質的に実践され、本文で見た通り、もうひとつの共和主義が試みられてきた。中間団体を否定する共同体統合の考え方「フランス型共和主義モデル」にならって言うならば、「多文化型共和主義モデル」のようなものが、地域限定とは言え、観察できる。

　自由、平等と友愛。広くフランス革命の精神として知られる3つの標語は、フランス第5共和制憲法の冒頭で2回言及されている。第1条では、「フランスは、不可分、非宗教、民主的、社会的な共和国である。フランスは、いかなる出自、人種、宗教の区別なくすべての市民の法の前における平等を約束する」

---

[4] 唯一、不可分の共和国」とは、リュシェールによると、フランス革命時に「唯一にして不可分の共和国」と表現されたことが、第5共和制憲法の第1条において「不可分の共和国である」と言い表わされている。「唯一にして」は「連邦制」を否定しフランスは唯一の国家からなることを、「不可分」であることはルソーの思想からきており「主権は不可分であり、人民のどの部分も個人も主権を我がものにすることはできない」(1791年憲法より) ことを意味している (Luchaire 1992: 32)。

[5] Commission de refléxion, sur l'application du principe de Licité dans le République, *Rapport au Président de la République*, 11 décembre 2003.

と定められている。第２条では、国旗（「青、白、赤の三色旗」）、国歌（「マルセイエーズ」）に続き、共和国の標語は、「自由、平等、友愛」であるとともに、その原則が、「人民の、人民による、人民のための統治」であると示されている。もうひとつの「自由、平等、友愛」は、前文の、フランス共同体の設立を定める第１条（1995年8月4日憲法的法律第95-880号により削除）に先立ち、まず、共和国と共和国に加わる意志を表明する海外領土（outre-mer）の諸人民の共通の理想として言及されている[6]。ここで、「共和国に加わる意志を表明する海外領土」諸人民は、共和国とは区別されている[7]。注目すべきは、フランス共同体設立の対象であったアフリカを中心とするフランス領が1960年代に次々と独立した後も、フランスにとどまった海外領土の「フランス人」が、半世紀にわたり「自由、平等、友愛」の標語を原則としてもつ共和制の適用を問題とすると同時に、文化的アイデンティティを柱に、帰属する共同体が国民共同体とは別のアイデンティティを認められながらも、国民であると考えている点である[8]。

　フランスは、主権国家体制が整ったとされる17世紀以来、一度として、海外領土を手放したことはない。フランス語で海外領土を指す語"outre-mer"は、フランス語が公用語として確立する1538年には[9]、すでに存在していた。「フランスの外のフランス」—制度上は、1946年憲法ではじめて海外領土として言及されていた—のいくつかは、大革命よりはるか以前からフランスの主権が確立していた地域である。そして、フランス革命の立法者は、これら植民地を、フランスでありつつも共和制度の外に置くことを選択した。

　本研究では、ニューカレドニアをめぐる制度史、暴力から共存へと至った政治史、この過程で要となる役割を果たしたジャン＝マリ・チバウについて論じると共に、次の各点に注目しつつ制度の移行について説明を試みた。すなわち、社会の方向性を変えるにあたっての投票、特に「投票箱」の役割の変更、代表性のコントロール、象徴の役割、不確かな境界である。脱植民地化過程の末、

6　1996年の憲法改正まで前文に含まれていた第１条は、「共和国と自由な決定行為によってこの憲法を採択する海外領土諸人民」によるフランス共同体設立と「フランス共同体は、それを構成する諸人民の平等と連帯に基礎をおく」ことを定めていた。憲法ののの共同体に関する記述は、前文の第１条を含め、第２次保革共存内閣のもと1995年の憲法改正（1995年8月4日憲法的法律第95-880号）によって削除された。
7　前文の後半部分である第１条において、共和国とともに「憲法を採択する海外領土諸人民」は、共和国に加わるのではなく、「フランス共同体」を設立する。

106

周辺からの共和主義と呼ぶのにふさわしい取り組みと対話の連鎖によって、カナク・アイデンティティと慣習を含む共和国の準連邦型フレームができ上がっている。

　海外領土は、70年代、「帝国の紙吹雪」と呼ばれた。かつて、これらは、大災害と独立や自治をめぐる大きな要求運動の時以外、フランスの大多数の人々から忘れられている、アルジェリア併合によって実現しようとした地中海帝国なきあとの名実共に「帝国の残滓」であったという。しかし、1990年以降の制度改変を見ると、海外領土制度は著しく変化した。それは、「植民地」として放置するというよりは、積極的に海外フランスを現代国際関係において整合性のある海外の飛び地として整備してきたことに表れている。

　海外フランスの歴史的な変遷経緯において、海外領土制度の変遷には、行政官の思想として、植民地主義を徹底して批判したアンティル詩人・政治家であるエメ・セゼール[Aimé Césaire: 1913-2008]の思想と彼が果たした役割があるように思う。セゼールは、引退したもと政治家として、海外領土の現代政治において行動をとる立場にはなかった。また、本人も、「詩にすべて書かれている」（セゼールへの筆者によるインタビュー、2001年10月18日）と発言しており、セゼールが詩人として多くの人々に与えた影響の方が重要とする見る方が共有されているようである。しかし、詩人が時々にとった政治行動と影響は、歴史的文脈に詩人の歩みを位置付け直すことにより現代社会のなんらかの問題の存在を明らかにするはずである[10]。彼の思想・行動を同時代で向き合っ

8　海外領土の各地における周辺地域との密接な関係構築への要求は、文化的アイデンティティを基盤に共和国への帰属とは別途周辺地域との統合が必要不可欠であるとして、90年代から具体的な関係の構築が模索されてきた。また、個別の地域のリアリティとしては、例えば、海外領面では、マヨットのポリガミー、ニューカレドニアでは世論調査において「エスニック集団への帰属」を項目と認めるかどうかをめぐる議論がある。海外県については、地域における言語、教育、住居の側面での権限移譲要求がある。各地で、移民をはじめとする多様な文化的背景を持つ住民の統合方法が模索されている。
9　フランス語＝ラテン語辞典（Dictionnaire français-latin）がフランスにおいてはじめて編纂されたのは、1538年、翌1539年には、ヴィレル・コトレ王令によって、公文書におけるフランス語使用が義務づけられた。
Terence R. Wooldridge,"Naissance de la lexicographie française", in : Denis Holler（sous la dir. de）, *De la littérature française,* Paris; Bordas, 1995, pp.174-177.
10　次のジャーナリストの発言参照。「セゼールのことはみんな好いていない、しかし、その影響力はだれもが認めざるを得ない。」（Rollat 1980）Alain Rollat, "l'ile écorchée", *Le Monde*, 06/03/1980, p.10.

た行政官らがニューカレドニア脱植民地化過程に関わっている。

　フランス、パリ郊外のコンフラン・サント・オノリーヌ（Confrans Sainte-Honorine）で2020年10月16日、10日前に共和国の原則である「非宗教性」について、2015年のシャルリ・エブド社襲撃事件のもととなったムハンマドの風刺画を提示しながら教えていたことで、脅迫されていたリセ教師のサミュエル・パティさんは、イスラム系移民の男性に首を切られ殺害された。23日、マクロン大統領は、パティさんを「静かな英雄」と称える演説を行った[11]。コ

ンフラン・サント・オノリーヌは、1977年から1994年までミッシェル・ロカールが市長を務めたコミューンである。2016年に亡くなった時には国葬された。もし、ロカールがなお生きていたら、マクロン大統領が行うように宗教を否定する共和国の原則である「ライシテ」をさらに強調することへと向かうのではなく、宗教寛容令である「ナントの勅令」にかえろうと言ったのではないだろうか。海外領土の脱植民地に関する調整

ミッシェル・ロカール元首相は、"チバウから得たもの"は
と尋ねたら、すかさず、"和平を調停する喜び"と答え、彼
からの贈り物である木彫りの像を抱えてポーズをとった。

の足取りの随所に、1998年以降も、とりわけいずれのニューカレドニアに関する重要な調停列席者にもロカール元首相の存在があった。ロカールの姿勢は、ニューカレドニア脱植民地過程において、単に、植民地政策時代とは異なり、フランス政府は「嘘をつかない」と提示することだけが目的だったのではなかったはずである。フランスでは、プロテスタント信者は、マイノリティ代表として、社会改革に率先して向かうことで知られる。人々は、ジョックス、ロカールに対してこうしたプロテスタントのプロトタイプ人物像を重ねる。ロカール自身、インタビューで、なぜ宗教というチャネルを利用したのかと尋ねた際に、自身プロテスタントであること、チバウがカトリックであることなどに意識的であったこと、自然とこのチャネルから対話ミッションを組み立てたと言って

[11] https://www.bbc.com/japanese/video-54640559

いた。共和国の社会文化遺産として複数の宗教があることをリスペクトする観点から「多文化型共和主義モデル」の生成を模索したことは、「周辺からの共和主義」を成功へと導いたのではないか。

　その一方で、地政学上の概念である「インド太平洋」に注目する海外フランス研究（Constant 2022）が上梓され、また、マクロン大統領が3回の投票のあと2023年7月24日からニューカレドニアを訪れ安全保障戦略である「インド太平洋」と関連づけニューカレドニアに言及したのは、こうした作業と、地域の特殊性に対する共和主義の変容があってのことと考える必要がある。加えて、脱紛争の観点から脱植民地化「和平」が打ち出され、平和を下支えする土台は政治的イニシアティブから作られた（Rocard 1997）がゆえに、長い過程が可能となったことも見逃せない。

　視点を、日本に移すと、別の課題も見えてくる。

　日本に中途半端に根付いているかもしれない「民主主義」を考える上で、特に、投票の役割からニューカレドニア現代史を検討することに意味があるとは考えられないか？「共和国」の概念が遠くから政治思想史として入ってきた日本国における概念の受容（納富 2012）について、視点を島に移し考察することは、これまで試みられてこなかった。

　現代社会において海外領の脱植民地とともに「共和国」を問う本書では、フランス革命以来の権利・合意手段である「投票の役割」に注目した。日本に視点を置くことで見えてくるのは、フランスの研究者にとって「オキナワ」が「海外領土」に分類される点である。この「海外領土」との関係は、投票を間にねじれていることにはめったに関心が払われない。

　フランスでは投票率が70%を切るほどの場合に「危機」と言われるが、19世紀以降に輸入の形で政治に関して「選挙」を導入したアジア太平洋圏で、今日の日本では地方・国政選挙を問わず投票率70%はおろか50%ほどで代表が選出されている。「植民地主義」と「文明化」とともに民主主義を輸入したアジア太平洋圏を見渡すと、フランスがニューカレドニアを場に21世紀にまでさしかかる脱植民地化過程をすすめ、共和制の名に恥じないシビック・マインドの共有に成功していることに気がつくはずである。ニューカレドニアと同じ1853年に西洋と接触した日本では、沖縄で住民投票に代表される民意の表明があるにも関わらず、戦後のコロニアル状況下から既成事実化した米軍基地の沖縄への集中と頻発するレイプ問題に解決が見出されない。しかも「米中対立」の構図において、沖縄が最前線であることをサイレント・マジョリティが歓迎

しており、コントラストをなしている。

　話をフランス語圏に戻す。

　先ほど言及した、フランス領カリブの詩人政治家、フランス内外で、植民地主義批判で広く知られるエメ・セゼールは、1990年に開催された展覧会「翡翠と真珠」に、「ジャン＝マリ・チバウのために」という詩を寄せている。詩の中で、「どの

「共通の運命のイベント市民の祭典の機会にMNC（パリ・ニューカレドニア館）はお休みです/2019年9月23日（月）および24日（火）」と記されている。パリのカレドニア館にて筆者撮影。

ように、一体、どのようにして人は現代の世界でカナクとして存在することができるだろうか？」と問いかけ、「松葉杖をつきながら」と示しながら、マティニオン協定を「世界を引き受け、方向付け、それにひとつの人間の意味を与える努力が行われなければならない」と表現し、次のように続けた。「マティニオンを理解するのにこれ以上のことは必要ない。（協定は、）この妥協ではなくその逆で、突破、そして、なによりもまず、これは道を通したこと、前進として，勝利として理解するべきなのだ。」

　独立に向かわなかった地域であるアンティルの詩人-政治家は、筆者のインタビューに答え、チバウについて、自由と尊厳をかけて闘ったと指摘している。

　とはいえ、ニューカレドアに問題がないわけでは決してない。「共通の運命」をヌーメア協定前文で謳ったのだから、人々がわかりやすい共存へと向かっているのかというと、そうとも断言できない。そのことを示すエピソードを2つ、紹介したい。

　ニューカレドアの領有宣言日である9月24日について、独立派政党のひとつPALIKA代表だったメラネシア女性のデウェ・ゴロデ[Déwé Gorodey: 1949-2022]が中心となって、領有の日を「市民権の日」と名付け、ひとつの市民となったカレドニア人のコメモラシオンへと誘った。ところが、2012年に記念碑の周囲に伝統的なカナク人の住居であるカーズが市民グループによって置かれた。彼らはカナク人がヌーメア市の真ん中に存在していることを主張しようとしたかもしれないが、イベントそのものが成り立たなくなっている。また、領有日は、パリのニューカレドニア館の休館日である。記念日制定が重みを持つためには、24日こそイベントが開催される必要があると思われるが、少なくとも現時点では、そこまで至っていない。2023年6月26日には、ヌーメアの

中心地に、地域では「握手の日」と呼ばれる1988年6月26日（マティニオン協定の締結日）を記念する広場が開設された。ジャック・ラフレールとジャン＝マリ・チバウの握手する像が置かれた広場である。開設日には人だかりができ、集まった人々を前に、カナク人の伝統ダンスであるピルウが披露された（*Le Monde,* 24/09/2023）。しかし、政治リーダーたちは、独立派、反独立派とも不在だったという。足並みはなかなか揃わない。

　もうひとつ、若い国会議員となったカルドッシュから、運転免許証に印刷されているカナク旗を外すべきであるとの申し立てが出ていることもエピソードとして紹介しておく[12]。

　ニューカレドニア社会は、コミュニティが混じり合っていないと結論する必要があるだけでなく、多くの事柄について、共有・了解事項とはなっていないのである。

　それでも、フランスの外のフランスには、「共和国」のフレームが組み立てられ、この30年間で刷新が図られ、法が地域のリアリティにそぐう形で整備された。

　マクロン大統領にとっての次の課題は、2007年に交渉の末決められた「選挙人定義」の変更であるという（*Le Monde,* 21/12/2023）。憲法を改正し、さもなければ、コンセンサスを模索し、2024年の部議会選挙における選挙人の範囲を広げる方向である。他方で、独立派を支持している大学教授の法律家マチアス・ショシャは、現行の制度のまま次の選挙は行われなければならないという。

　チバウは、言っていた、「我々のアイデンティティは、前にある」と。実際に、その通りになったとしたら、それは、フランスの共和主義に、ニューカレドニアのカナク人たちが共振し、投票の役割を前に、戦略を作り、政治的対話を繰り返したことに他ならない。

　そうすると、フランスには、「周辺からの共和主義」―"-ism"で終わる共和主義「運動」のような―に見合う仕組みがあると言わねばならない。投票の機会にその先のカレンダーがくみなおされる民主主義であるだけなく、共和主義の「教育」的な側面が社会への参画に人々を促していることが、脱植民地にも

---

[12] https://la1ere.francetvinfo.fr/nouvellecaledonie/generations-nc-s-oppose-a-la-presence-du-drapeau-du-flnks-sur-les-futurs-permis-de-conduire-en-nouvelle-caledonie-1413041.html

大きくフランスの特殊性ともいうべき特徴を添えている。映画『ぼくたちの教室』のワンシーンで、プラトン『共和国』を高校生が読んだというシーンがあるが、内容を先生に聞かれ、「愛」と答え、「難しい問答」があったとは答えないのは、フランス共和国の仕組みに教育として問答が組み込まれているからである。チバウらは、この教育をも含んだ共和国メカニズムが、暴力的対立を契機に作動する中、行政官、政治リーダーのみならず市民が「周辺からの共和主義」に共振することに賭けたのではないか。その結果として、ブローデルには見通せなかったが、フランス海外は「フランスの外のフランス」として整備されてきているのではないだろうか。言いかえると、共和国が整合性のあるものになってきているということができるのである。

112

参考文献

Agniel, Guy *De la collectivité humaine à la collectivité de droit commun :L'évolution vers la structure communale en Nouvelle-Calédonie (1853-1977)*, Nouméa, Publication de la société d'études historiques de Nouvelle-Calédonie, No.51, 1993.

Agniel, Guy "Le statut civil coutumier," in: Jean-Yves Faberon et Guy Agniel（sous la dir. de）*La souveraineté partagée en Nouvelle-Calédonie et en droit comparé*, Paris : La documentation française, 2000.

Angleviel, Fréderic *Histoire de la Nouvelle-Calédonie : Nouvelles Approches, nouveaux objets*, L' Harmattan, 2005.

Angleviel, Fréderic *La France aux antipodes : Histoire de la Nouvelle-Calédonie*, Vendémiaire, Paris, 2018.

Barbançon, Louis-José *Le pays du Non-Dit : Regards sur la Nouvelle-Calédonie*, Editions Humanis, 2019.

Bélorgey, Gerard et Genevieve Bertrand. *Les DOM-TOM* Paris; Editions La Decouverte, 1994.

Bensa, Alban, Wittersheim "Une pensée ouverte sur l'universel," dans Jean-Marie Tjibaou *La Présence kanak*, Edition Odile Jacob, 1996.

Bensa Alban, *Nouvelle-Calédonie : un paradis dans la tourmente*, Gallimard, 1990.

Besset, Jean-Paul *Le dossier calédonien : Les enjeux de l'après-référendum*, Cahiers libres/Editions La Découverte, 1988.

Binoche-Guedra, Jacques. *La France d'outre-mer 1815- 1962*; Paris; Masson. 1992.

Borella, Francois."Nationalité et citoyenneté", in Dominique Colas, Claude Emeri et Jacques Zylberberg（ed.）, *Citoyenneté et nationalité. Perspective en France et en Québec*, Paris; Presses Universitaires de la France. 1992.

Bouche, Denise. *Histoire de la colonisation français tome second: Flux et reflux (1815-1962)*, Paris; Fayard. 1994.

Boulay, Roger *Le Bambou gravé kanak*, Edition Parenthèse/A.D.C.K. 1993.

Boyer, Jean-Marc, Matias Chauchat, Géraldine Giraudeau, Samuel Gorohouna, Caroline Gravelat, Catherine Ris（sous la dir. de）*Acte du colloque universitaire sur L'avenir institutionnel de la Nouvelle -Calédonie des 17&18 november 2017*, Université de la Nouvelle-Calédonie/Laboratoire de Recherches Juridigue et Economigue, 2018.

Braudel, Fernand *Identité de la France*, Flammalion, 2011.

Brot, Agnès *Jean Lèques : humble habitant de la Vallée du Tir, à Nouméa*, Editions Humanis, 2018.

Butler, David and Austin Ranney *Referendums around the World : The growing Use of Direct Democracy*, Macmillan, 1994.

Chauchat, Mathias *Les institutions en Nouvelle-Calédonie :Institutions poloitiques et administratives*, Centre de documentation pédagogique de Nouvelle-Calédonie, 2011.

Chauchat, Matias "Le principe d'irréversibilité constitutionnelle de l'organisation politique de la Nouvelle-Calédonie", *Politeia* no.20, 2011.

Christnacht, Alain *L' œuil de Matignon : Les affaires Corses de Lionnel Jospin*, Seuil, 2003.

Christnacht, Alain *La Nouvelle-Calédonie*, Les études de la documentation française, 2004.

Colombani, Jean-Marie *Double Calédonie : d'une utopie à l'autre* Denoël,1999.

Conan, Eric. "L'Etat, les canaques et le Stallone du nickel", *L'Express*, 5 juin 1997.

Conan, Eric. "Référendum: Les faux-semblants au Caillou", *L'Express*, 5 novembre 1998.

Conan, Eric. "Un an de gouvernement local", *L'Express*, 25 mai 2000.

Confavereux, Joseph et Mediapart, *Une décolonisation au présent : Kanaky Nouvelle-Calédonie : notre passé, notre avenir*, La Découverte, 2020.

Connell, John. *New Caledonia or Kanaky?: The Political History of a French Colony*, Cambella; The Australian National University, National Centre for Development Studies, 1987.

Constant, Fred *Géopolitique des outre-mer : entre déclassement et (re) valorisation*, Le Cavalier Bleu, 2022.

Courtial, Jean et Ferdinand Mélin-Soucramanien, *Rapport au Premier Ministre: Réflexions sur l' avenir institutionnel de la Nouvelle-Calédonie*, La documentation française, 2014.

Darot, Mireille."Calédonie, Kanaky ou Caillou? Implicites identitaires dans la désignation de la Nouvelle-Calédonie", *Mots* 53: 8-25, 1997.

Demmer Christine, Christine Salomon (édit.) *Ethnies Emancipations Kanak* No.37-38, 2015.

Demmet, Christine et Benoît Trepied *La coutume kanak dans l'Etat : Perspectives coloniales et postcoloniales sur la Nouvelle-Calédonie*, L'Harmattan, 2017.

Doisy, Isabelle *Chroniques des années de cendres : Nouvelle-Calédonie (1984-1986)* Edition Jean Picollec, Paris, 1988.

Doumenge, Jean-Pierre. *L'outre-mer français (DOM, P-TOM, CTR)* , Paris; Armand Colin, 2000.

Dorothée Dussy *Nouméa, ville océanienne*? Karathala, 2012.

Dousset-Leenhardt, Roselène, *Colonialisme et contradictions. Nouvelle-Calédonie, 1878-1978 : les causes de l'insurrection de 1878*, L'Harmattan, 1978.

Duclert, Vincent et Christophe Prochasson (sous. la dir. de) *Dictionnaire critique de la République*, Flammarion 2002/2007.

114

Dullin, Sabine "Le réveil des frontiers intérieures," *Les frontières.Le Pouvoir*, no.165, p.25. 2018.

Faberon, Jean-Yves. "La Nouvelle-Calédonie, pays à souvraineté partagée", *Revue du droit public* 114 (3) : 645- 648. 1998.

Faberon, Jean-Yves. "Identité et citoyenneté en Nouvelle-Calédonie, après l'accord de Nouméa et la révision constitutionnelle de 1998", in J.Y. Faberon et Y. Gautier (sous la direction de) , *Identité, nationalité, citoyenneté outre-mer*, Paris; Centre des Hautes Etudes sur l'Afrique et l'Asie modemes. 1999.

Faberon, Jean-Yves. "Nouvelle-Calédonie et Constitution: La révision constitutionnelle du 20 juillet 1998", *Revue du droit public* 115 (1) : 113-130. 1999.

Faberon, Jean-Yves et Guy Agniel (sous la dir. de) *La souveraineté partagée en Nouvelle-Calédonie et en droit comparé*, Paris : La documentation française, 2000.

Faberon, Jean-Yves et Jacques Ziller *Droit des collectivités d'outre-mer*, L.G.D.J. 2007.

Faberon, Jean-Yve *Pied-Noirs en Nouvelle-Calédonie : Témoignages et analyses*, L'Harmattan, 2012.

Faberon, Jean-Yves. "Comparer la Corse et la Nouvelle-Calédonie? ", *Revue politique et parlementaire* 1009/1010: 72-78. 2001.

Gay, Jean-Christoph "Une organisation administrative complexe" *La Nouvelle-Caledonie : un destin peu commun*,IRD Edition, pp.87-97, 2020.

Guiart, Jean. "Introduction ("Sortir de l'indigenat: Cinquantieme anniversaire de l'abolition du régime de l'indigénat en Nouvelle-Calédonie") ", *Journal de la société des Océanistes* 105 (2) :117-120. 1997.

Guillaume, Sylvie. "Citoyenneté et colonisation", in Dominique Colas, Claude Emeri et Jacques Zylberberg (ed.) , *Citoyenneté et nationalité. Perspective en France et en Québec*, Paris; Presses Universitaires de la France. 1991.

Guillebaud, Jean-Claude. *La traversee du monde*, Paris; Arlea. 1998.

Ihl, Olivier "L'Urne et le fusil: sur les violences électorales lors du scrutin du 23 avril 1848", *Revue française de science politique*, (vol.60) , pp.9-35, 2010/1.

Hall, Peter "A Historical Institutionalism in Rationalist and Sociological Perspective" in: James Mahoney and Kathleen Thelen, *Explaining Institutional Change : Ambiguity, Agency, and Power*, Cambridge, 2012.

Joxe, Pierre *Pourquoi Mitterrand ?* Philippe Rey, 2006.

Kotra, Walles *Conversations calédoniennes: rencontre avec Jacques Lafleur*, Aux vent des îles, 2009.

Kotra, Walles *Nidoïsh Naisseline : de cœur à cœur*, Aux vent des îles, 2019.

Kurtovich, Ismet "Sortir de l'indigénat: Cinquantième anniversaire de l'abolition du régime de l'indigénat en Nouvelle-Calédonie", *Journal de la société des océanistes* 105（2）: 121- 139, 1997.

Kurtovitch, Ismet *Une histoire politique de la Nouvelle-Calédonie 1940-1953*, Editions Universitaires Européennes, 2020.

Le Borne, Jean *Nouvelle-Calédonie 1945-1968 : La confiance trahie*, L'Harmattan, 2005.

Levallois, Michel *De la Nouvelle-Calédonie à Kanaky : Au cœur d'une décolonisation inavchevée*, Vents d'Ailleurs, 2018.

Lebric, Isabelle. *Les Kanak face au développement. La voie étroite*, Grenoble; ADCK, Presses Universitaires Grenoble. 1993.

Lemesle, Raymond-Mann. *La conférence de Brazza-ville de 1944: contexte et repères. Cinquantenaire des premices de la décolonisation*, Paris; Centre des hautes Etudes sur l'Afrique et L'Asie moderne. 1994.

Merle, Isabelle et Adriane Muckle *L'indigénat : Genèse dans l'Empire français. Pratique en Nouvelle-Calédonie*, Paris : CNRS éditions, 2019.

Michalon, Thierry, "La République Française : une fédération qui s'ignore ?", *Revue du droit public et de la science politique en france et à l'étranger*, no.3, 1982.

Michel, Louise *Aux amis d'EUROPE : Légende et chansons de gestes canaques,* Grain de sable, Paris, 1985.

Missotte, Philippe and Jean-Marie Tjibaou. *Kanake: the Melanesian Way*, Papeete: les Editions du Pacifique. 1978.

Mohamed-Gaillard, Sarah *L'Archipel de la puissance ? La politique de la France dans le Pacifique Sud de 1946 à 1998*, P.I.E. Peter Lang, Bruxelles, 2010.

Mokaddem ,Hamid "Éloi Machoro（1946-1985）. Recherche d'anthropologie politique sur une trajectoire", *Journal de la société des Océanistes*, 2013（1-2）, no.136-137.

Mokaddem, Hamid *Yeiwéné Yeiwéné : Construction et révolution de Kanaky[Nouvelle-Calédonie]*, Expressions la courte échelle/Editions transit, 2019.

Morel, Laurence *La question du référendum*, Les presses Science po, 2019.

Mrgudovic, Nathalie *La France dans le Pacifique Sud*, L'Harmattan, 2008.

Monnin, Jean et Sand, Christophe *Kibo : Le serment gravé . Essai de synthèse sur le spétroglyphes calédoniens*, Institut d'Archéologie de la Nouvelle-Calédonie du Pacifique, Nouméa, 2004.

Néaoutyine, Paul *L'indépendance au présent : Identité kanak et destin commun*, Syllepse, 2006.

Nicolau, Gilda. "Le droit très privé des peuples autochtones en Nouvelle Caledonie", *Droit et Culture* 37（1）:53-70, 1999.

Patin, Christelle *Ataï, un chef kanak au musée : histoire d'un héritage colonial*, Muséum publication

116

scientifique, 2019.

Pimont, Yves. *Les territoires d'outre-mer*, Paris, Presses Universitaire de France. 1994.

Pitoiset, Anne et Claudine Wery *Roger Galliot: une vie de pionnier*, Le rayon vert, 2018.

Pitoiset, Anne *Le nickel : une passion calédonienne*, Le reyon vert, 2014.

Plenel, Edwy et Alain Rollat, *Mourir à Ouvéa : le tournant calédonien*, La Découverte/Le Monde, 1988.

Qvortrup, Matt *Referendums and Ethnic Conflict*, University pf Pennsylvania, 2014.

Qrortrup, Matt *Nationalism, Referendums and Democracy: Votingon Ethnic Issues and Independence*, Routledge, 2020.

Regnault, Jean-Marc (ed.) , *François Mitterrand et les territoires français du Pacifique (1981-1988)* , Les Indes savantes, 2003.

Regnault, Jean-Marc (ed.) , *La Nouvelle-Calédonie: vingt années de concorde 1988-2008*, Réseau-Asie-Pacifique CNRS (France) / Société française d'histoire d'outre-mer, 2009.

Rocard, Michel *L'art de la paix*, Atlantica, 1997.

Rocard, Michel. "De l'utopie aux realisme", *Revue politique et parlementaire*, 1009/1010:36-38. 2001.

Rollat, Alain *Tjibaou le kanak,* la manifacture, Lyon, 1989.

Rossinyol, Garsenda. "Les accords de Noumea du 5 mai 1998: un nouveau statut pour la Nouvelle-Calédonie", *Revue française d'administration publique* 94: 445-486. 2000.

Rubio, Nathalie. *L'avenir des départements antillais*, Paris; La documentation française. 2000.

Sand, Christophe *Lapita calédonien: Archéologie d'un premier peuplement insulaire océanien*, Société des Océanistes, Paris, 2010.

Soulier, Gérard "REPUBLIQUE", Alain Ray (sous la dir. de) *Dictoinnaire culturel en langue française (tom3)* Le Robert, 2005.

Terence R. Wooldridge,"Naissance de la lexicographie française", in : Denis Holler (sous la dir. de) , *De la littérature française*, Paris; Bordas, pp.174-177, 1995.

Tjibaou, Jean-Marie *La Présence kanak*, Edition Odile Jacob, 1996. (英語版：Jean-Marie Tjibaou, translated by Helen Fraser and John Trotter *Kanaky*, Pundanus Books/Research School of Pacific and Asuab Studies, The Australian National University, 2005)

Urvoas, Jean-Jacques *Etat associé, état fédéré: des pistes pour l'avenir institutionnell de la Nouvelle-Calédonie ?* Le club des juristes, 2017.

Vieillard, E et E.Deplanche *Essai sur la Nouvelle-Calédonie, extrait de la Revue maritime et colonial*, Librairie Challamel Ainé, 1863.

Waddel, Eric *Jean-Marie Tjibaou: Kanak witness to the world,* Hawaii, Pacific Islands Monograph Series 23, University of Hawaii Press, 2008. (仏語版：Eric Wadddel, Patrice Godin（traduction）*Jean-Marie Tjibaou: une parole kanak pour le monde*, Au vent des îles, 2016 ）

Webert, Francine. "L'ordre juridique français: centralisation à la souvraineté partagée." In Jean-Yves Faberon et Guy Agniel（sous la direction de），*La souvraineté partagée en Nouvelle-Calédonie et en droit comparé,* Paris; La documentation française. 2000.

Ziller, Jacques, "Partager la souvraineté, ici et ailleurs." Jean-Yves Faberon et Guy Agniel（sous la direction de），*La souvraineté partagée en Nouvelle-Calédonie et en droit comparé*, Paris; La documentation francaise, 2000.

L'Express

Le Figaro

Le Monde

Libération

Journal Officiel de la République Française

未公開フランス公文書（大統領府、首相府および内務省）

阿部照哉・畑行博編『世界の憲法集（二版)』有信堂高文社. 1998年.

荒川正晴他編『太平洋海域世界　〜20世紀』岩波書店. 2023年.

池田亮『植民地独立の起源―フランスのチュニジア・モロッコ政策』法政大学出版局. 2013年.

上杉勇司・長谷川晋『紛争解決学入門: 理論と実践をつなぐ分析視覚と思考法』. 2016年.

江戸淳子『ニューカレドニア カナク・アイデンティティの語り：ネーションの語り・共同体の語り・文化の語り』明石書店. 2015年.

江戸淳子「ニューカレドニアの脱植民地化の政治過程とその将来」『マタンギ・パシフィカ：太平洋島嶼国の政治・社会変動』444号. 1994年.

大角翠『言語学者のニューカレドニア―メラネシア先住民と暮らして』大修館書店. 2018年.

小田中直樹『フランス現代史』岩波書店. 2018年.

尾立要子.「フランスの海外領土:海外県・海外領・特別共同体」『六甲台論集:法学政治学篇』47（2）: 99-134. 2000年.

尾立要子.「ミッテラン時代のフランス海外県政策」『六甲台論集:法学政治学篇』47（3）:129-156. 2000年.

尾立要子「カナク人民の誕生：ニューカレドニア脱植民地化過程にみる共和主義の変容」『島嶼研究』第4号. 2003年.

尾立要子・佐藤幸男「ニューカレドニアの領有化」歴史学研究会編『世界史資料9　帝国主義と各地の抵抗II』岩波書店. 2009.

クック, ジェイムズ著 増田義郎訳『太平洋探検（一〜四）』岩波書店. 2005年.

桑原武夫「まえがき」ジャン＝ジャック・ルソー『社会契約論』岩波書店. 1954年.

坂井新三「訳者あとがき」モーリス・レーナルト著坂井新三訳『ド・カモ：メラネシア世界の人格と神話』せりか書房. 1990年.

太平洋協会編.『ニューカレドニア・その周邊』太平洋協会出版部. 1944年.

滝沢正.『フランス法』三省堂. 1997.

津田睦美『まぶいの往来：ニューカレドニアー引き裂かれた家族と戦争の記憶』人文書院. 2009年.

中村義孝編訳『フランス憲法史集成』法律文化社. 2003年.

南洋廳内務部企画課.『佛領ニュー・カレドニア事情』. 1941年.

南野森「ニューカレドニアに関する特殊措置の合憲性 と地邦法律の審査」フランス憲法判例研究会編『フランスの憲法判例』信山社. 2002年.

西野照太郎.「 南太平洋におけるフランス」（上）『海外事情』36（2）:79-94;（中）『海外事情』36（3）:7 2-87;（下）『海外事情』36（4）:103-120. 1989年.

納富信留『プラトン理想国の現在』慶應義塾大学出版会. 2012年.

ピアソン, ポール『ポリティックス・イン・タイム』勁草書房. 2010年.

ピトキン, ハンナ『代表の概念』名古屋大学出版会. 2017年.

平野千果子『フランス植民地主義の歴史:奴隷制廃止から植民地帝国の崩壊まで』人文書院. 2002年.

藤井篤「第4共和制下アルジェリア政策—レジームの崩壊との関連で—（1）〜（8）」『法学雑誌』第35巻（第2号）〜第43巻（第3号）. 1988-1997年.

三木健『空白の移民史ーニューカレドニアと沖縄ー』株式会社シネマ沖縄. 2017年.

宮川裕章『隠された記憶：戦争のタブーを追跡する』筑摩書房. 2017年.

メリアム, チャールズ・E.『政治権力上・下』東京大学出版会. 1973年.

山口俊夫編.『フランス法辞典』東京大学出版会. 2002年.

山田（椋原）由美子『素顔のニューカレドニアー越境するシマンチュ日本語教師ー』高文研. 2022年.

吉田徹『感情の政治学』講談社メチエ. 2014年.

リップマン, ウォルター著 佐々木孝夫訳『幻想の公衆』一藝社. 1927年（翻訳2023年）.

ルソー, ジャン＝ジャック著 桑原武夫他訳『社会契約論』岩波書店. 1954年.

ロバーツ、ステファン『佛領植民地』東西社. 1943年.

渡邊啓貴『フランス現代史』中公新書. 1998年.

渡邊雅子「フランスの思考表現スタイルと政治的教養の育成ーアメリカとの比較からー」教育学研究 84（2）. 2017年.

著者紹介

尾立　要子（おりゅう ようこ）
大阪公立大学現代システム科学研究科客員研究員。
1965年生まれ。東京外国語大学フランス語学科卒業。広告会社勤務を経て神戸大学大学院国際協力研究科修士課程入学、神戸大学大学院法学研究科博士課程単位取得退学。博士（現代社会）。現在は大学講師。専攻はフランス海外領土政策。

大阪公立大学出版会（OMUP）とは
本出版会は、大阪の5公立大学－大阪市立大学、大阪府立大学、大阪女子大学、大阪府立看護大学、大阪府立看護大学医療技術短期大学部－の教授を中心に2001年に設立された大阪公立大学共同出版会を母体としています。2005年に大阪府立の4大学が統合されたことにより、公立大学は大阪府立大学と大阪市立大学のみになり、2022年にその両大学が統合され、大阪公立大学となりました。これを機に、本出版会は大阪公立大学出版会（Osaka Metropolitan University Press「略称：OMUP」）と名称を改め、現在に至っています。なお、本出版会は、2006年から特定非営利活動法人（NPO）として活動しています。

About Osaka Metropolitan University Press (OMUP)
Osaka Metropolitan University Press was originally named Osaka Municipal Universities Press and was founded in 2001 by professors from Osaka City University, Osaka Prefecture University, Osaka Women's University, Osaka Prefectural College of Nursing, and Osaka Prefectural Medical Technology College. Four of these universities later merged in 2005, and a further merger with Osaka City University in 2022 resulted in the newly-established Osaka Metropolitan University. On this occasion, Osaka Municipal Universities Press was renamed to Osaka Metropolitan University Press (OMUP). OMUP has been recognized as a Non-Profit Organization (NPO) since 2006.

周辺からの共和主義：
「天国に一番近い島」の現在

2024年3月29日　初版第1刷発行
2024年11月28日　初版第2刷発行

著　者　　尾立　要子
発行者　　八木　孝司
発行所　　大阪公立大学出版会（OMUP）
　　　　　〒599-8531 大阪府堺市中区学園町1－1
　　　　　大阪公立大学内
　　　　　TEL 072（251）6533　FAX 072（254）9539
印刷所　　和泉出版印刷株式会社